Allitera Verlag

Beiträge zur Geschichtswissenschaft
Herausgegeben von Ernst Piper

Reihe Hamburger postkoloniale Studien, Band 4
Herausgegeben von Jürgen Zimmerer

Hier außerdem erschienen:

Band 1: Mara Müller, »Freiheit für Nelson Mandela«. Die Solidaritätskampagne in der Bundesrepublik Deutschland

Band 2: Malina Emmerink, Hamburger Kolonisationspläne 1840–1842. Karl Sievekings Traum einer »Deutschen Antipodenkolonie« im Südpazifik

Band 3: Nils Schliehe, Deutsche Hilfe für Portugals Kolonialkrieg in Afrika. Die Bundesrepublik Deutschland und der angolanische Unabhängigkeitskrieg 1961–1974

Myriam Gröpl

Echte Objekte?

Die Sammlung des Hamburger Museums für Völkerkunde und die Frage nach Authentizität 1904 bis 1919

Allitera Verlag

Weitere Informationen über den Verlag und sein Programm unter:
www.allitera.de

Dezember 2016
Allitera Verlag
Ein Verlag der Buch&media GmbH, München

Umschlagmotiv: Ergebnisse der Südsee-Expedition,
© Museum für Völkerkunde Hamburg
Printed in Germany · ISBN 978-3-86906-946-3

Inhalt

Vorwort

Bei der vorliegenden Publikation handelt es sich um eine überarbeitete Version meiner Masterarbeit, die ich im September 2015 am Historischen Seminar der Universität Hamburg eingereicht habe.

Die Frage nach Authentizität und echten Objekten im Museum für Völkerkunde Hamburg faszinierte mich während des Projekts »Kolonialismus und Museum«, in dem diese Kategorie wiederholt als eine sehr wirkmächtige angeführt und verwendet wurde, aber nicht näher untersucht werden konnte.

Mein Dank gilt zunächst meinen beiden Gutachtern Prof. Dr. Jürgen Zimmerer, Herausgeber dieser Reihe, und Prof. Dr. Markus Friedrich für ihre Betreuung während der gesamten Prüfungsphase. Den Mitarbeiterinnen der Bibliothek und des Archivs im Museum für Völkerkunde Hamburg gilt darüber hinaus mein Dank für die geduldige Bearbeitung all meiner Anträge und das Bereitstellen des vielfältigen Materials. PD Dr. Ernst Piper und dem Allitera Verlag danke ich außerdem für die Ermöglichung dieser Veröffentlichung. Nicht zuletzt waren Familie und Freund_innen eine unschätzbare Hilfe während der gesamten Prüfungszeit und darüber hinaus.

1 Einleitung

2007 stellte das Museum für Völkerkunde in Hamburg, wie viele Museen davor und danach, einige der berühmten chinesischen Terrakotta-Krieger aus. Die Sonderausstellung »Macht im Tod – Die Terrakotta-Armee des Ersten Kaisers von China« war mehrere Monate im Haus an der Rothenbaumchaussee zu sehen. Doch die Begeisterung über diese einzigartige Möglichkeit, Tonkrieger aus China zu besichtigen, wurde rasch getrübt: Einige der Exponate waren nicht echt.[1] Sie stammten nicht aus dem zweiten Jahrhundert v.Chr. und waren keine stummen Zeugen der Allmachtsfantasien des Kaisers Quin Shihuangdi. Es waren Fälschungen. Das Museum[2] beeilte sich, den schrecklichen Irrtum zu korrigieren, und war darauf bedacht, zu betonen, dass man die Fälschungen erst deutlich nach Beginn der Ausstellung erkannt habe. Allen Besuchenden wurde das Eintrittsgeld erstattet, wenn sie sich im Museum meldeten. Niemandem sollte unter Vorspiegelung falscher Tatsachen der Eintrittspreis abverlangt werden. »»Hundertprozentig«, versichert Köpke, sei er davon ausgegangen, seinem Publikum echte Vertreter jener 7282 für die Ewigkeit geschaffenen Krieger vorsetzen zu können«, zitierte DIE ZEIT Museumsdirektor Prof. Dr. Wulf Köpke.[3]

Nur – machte es einen Unterschied? Mit Burmeister gefragt: »Was hatten die Tonstatuen, als sie noch als Original galten, und was hatten sie nicht mehr, nachdem sie sich als Replik entpuppten?«[4] Diejenigen, die die Ausstellung besucht hatten, hatten die Exponate ohnehin nicht berühren dürfen. Sie sahen aus wie echte Tonkrieger und die Begleit-

1 »Echt« wird hier nicht als wissenschaftlich belegbare Kategorie sondern als konstruierte Zuschreibung verstanden. Der Lesbarkeit halber wird dabei auf Anführungszeichen verzichtet.

2 »Das Museum« wird hier bewusst als Kollektiv verstanden und individuelle Entscheidungen sowie persönliche Ansichten der Mitarbeiter_innen nicht weiter aufgegriffen, da genau dieser Eindruck auch bei den Besuchenden entsteht und sich »das Museum« in der Außendarstellung als Einheit präsentiert.

3 Jörn Breiholz: Aus Originalmaterial. Das renommierte Völkerkundemuseum in Hamburg blamiert sich mit einer Ausstellung gefälschter Antiquitäten, in: Die Zeit, 12. Dezember 2007, http://www.zeit.de/2007/51/LS-F-lschungen [17.5.2015].

4 Stefan Burmeister: Der schöne Schein. Aura und Authentizität im Museum, In: Martin Fitzenreiter (Hrsg.): Authentizität. Artefakt und Versprechen in der Archäologie. Workshop vom 10. Bis 12. Mai 2013, Ägyptisches Museum der Universität Bonn, (Internet-Beiträge zur Ägyptologie und Sudanarchäologie, Bd. 15), London 2014, S. 99–108, hier S. 99.

texte erläuterten die Geschichte und Bedeutung derselben. Trotzdem sah sich das Museum veranlasst, den Irrtum nicht nur umgehend öffentlich zu machen, sondern auch einen finanziellen Ausgleich zu schaffen, indem das Eintrittsgeld erstattet wurde. An dieser Stelle wird deutlich, dass die Vorstellung von echten oder authentischen Objekten[5] offenbar eine zentrale Rolle in der Selbstwahrnehmung und auch der Außendarstellung des Hamburger Völkerkundemuseums spielt. Von einem »Fälschungsskandal« war die Rede, das Hamburger Museum zog juristische Maßnahmen gegen die Lieferanten der Figuren in Betracht und der Ruf des Hauses war international beschädigt. Der Leipziger Vertragspartner, der für die Beschaffung der Tonkrieger zuständig war, differenzierte in seiner Verteidigung des eigenen Vorgehens zwischen »original« und »authentisch« – authentisch seien die Figuren trotzdem, da sie zum einen tatsächlich aus Ton bzw. Scherbenstücken anderer Krieger gefertigt seien und sie zum anderen insgesamt den Originalfiguren aus den Grabbeigaben entsprächen.[6] Das Center of Chinese Art and Culture legte hier also den Fokus auf die Wirkung der Exponate auf die Besuchenden, die letztendlich ohnehin keinen Unterschied erkennen könnten. Das Hamburger Abendblatt untertitelte ein Bild zur Berichterstattung dann auch mit »Ob echt oder unecht – für die Faszination der Besucher spielt diese Frage offenbar eine untergeordnete Rolle.«[7]

Zum einen scheint das Ausstellen echter Exponate eine der zentralen Aufgaben des Museums für Völkerkunde zu sein, so dass es eine Ausnahme darstellt und auch einer Richtigstellung bedarf, wenn diese Echtheit in einer Ausstellung nicht geboten werden kann.

Zum anderen ist der angenommene Imageschaden durch die Aus-

5 Im Folgenden werden Objekt, Ding und Gegenstand synonym verwendet und bezeichnen eine materielle, in sich geschlossene Einheit, die von Menschen geschaffen, modifiziert oder mit Bedeutung versehen und verwendet wurde. Bewusst wird dabei nicht von Sachen gesprochen, um die Eigenlogik der hier behandelten Objektkonvolute nicht zu verbergen (s. dazu Hans-Peter Hahn: Materielle Kultur. Eine Einführung, 2. überarb. Aufl., Berlin 2014, S. 18ff.).

6 »Die Terrakotta-Krieger und der feine Unterschied«, in: FAZ, 12. Dezember 2007, http://www.faz.net/aktuell/feuilleton/debatten/hamburger-ausstellung-geschlossen-die-terrakotta-krieger-und-der-feine-unterschied-1491394.html [17.05.2015].

7 »Völkerkundemuseum: Das leidige Ende der falschen Terrakotta-Krieger – Ausstellung wird geschlossen«, in: Hamburger Abendblatt, 12. Dezember 2007, http://www.abendblatt.de/nachrichten/nachrichten-des-tages/article107355401/Ausstellung-wird-geschlossen.html [17.5.2015].

stellung von Repliken so enorm, dass bereits eingenommene Eintrittsgelder ohne Einschränkung zurückerstattet werden, um die eigene Achtung vor der Echtheit glaubhaft versichern zu können.

Allerdings scheint hier die messbare Echtheit der Terrakotta-Armee anhand von Materialuntersuchungen oder der Bestimmung eines bestimmten Töpferstils nur von geringer Bedeutung. Die tatsächlich zentrale Rolle spielt die überzeugende Vermittlung der Echtheit – es ist von größter Bedeutung, die Besucher glauben zu lassen, das Gesehene entspräche ihrem Anspruch an Authentizität. Dabei soll keineswegs eine bewusste Täuschung durch das Museum impliziert, sondern lediglich der Kommunikationsprozess betont werden, der für die Authentizitätsvermittlung entscheidend ist. Die andauernde Faszination für echte Objekte und wahre Geschichten, die sie erzählen, bleibt also der Kernanreiz für die Museumsbesuchenden. Obwohl – auch durch die Ausstellung in unzugänglichen Vitrinen – Originale für die Besuchenden nicht mehr von professionell angefertigten Repliken zu unterscheiden sind,[8] erfüllt also Originalität, im Sinne einer gesicherten und einzigartigen Herkunft, eine wichtige Funktion und gilt weiterhin als Qualitätsmerkmal von Ausstellungen und ganzen Museen.

Seit dem »Geschichtsboom« der 1990er-Jahre und der darauffolgenden Zunahme von populären Geschichtsdarstellungen mit einer thematischen und medialen Vielfalt, hat die Erzeugung bzw. Inszenierung von Authentizität in unterschiedlichsten Vermittlungsmedien immer weiter an Bedeutung gewonnen.[9] Pirker und Rüdiger diagnostizieren anhand dieser Entwicklungen ein steigendes gesellschaftliches Bedürfnis nach auratischen Echtheitserfahrungen, das alle Ebenen des medialen Erlebens einschließt und alle Schichten der Gesellschaft betrifft.[10]

Auch in der Geschichtswissenschaft ist Echtheit eine zentrale Untersuchungskategorie. Quellen werden anhand ihrer Echtheit ausgewählt und beurteilt und bilden die Grundlage für historische Analysen. Insgesamt lässt sich allerdings bisher in keiner wissenschaftlichen Disziplin eine einheitliche Verwendung des Authentizitätsbegriffs finden,[11]

8 Burmeister: Der schöne Schein, S. 106.

9 Eva Ulrike Pirker/Mark Rüdiger: Authentizitätsfiktionen in populären Geschichtskulturen. Annäherungen, in: Dies. u.a. (Hrsg.): Echte Geschichte. Authentizitätsfiktionen in populären Geschichtskulturen, Bielefeld 2010, S. 11–30, hier: S. 11.

10 Pirker/Rüdiger: Authentizitätsfiktionen, S. 19.

11 Pirker/Rüdiger: Authentizitätsfiktionen, S. 16.

weshalb seine Anwendungen als Analysekategorie zwar vielfältig, aber kaum vergleichbar sind.

Dass im hier analysierten Zeitraum zwischen 1904 und 1919 »Authentizität« und auch »Echtheit« als Bezeichnungen für das gemeinte Phänomen nicht oder selten verwendet wurden, ergibt sich aus der Entwicklung der Begriffe; vor allem »Authentizität« wurde erst in der zweiten Hälfte des 20. Jahrhunderts kontrovers diskutiert.[12] Dennoch lassen sich im untersuchten Quellenmaterial des Museums bereits Ende des 19. und Anfang des 20. Jahrhunderts Referenzen auf das Konzept der »echten Objekte« als Ausstellungszeugen finden, sodass eine Analyse dieser Kategorie durchaus lohnenswert scheint.

Besonders in Diskursen der (post-)kolonialen und ethnologischen Forschung ist das Konzept der Authentizität umstritten und wird widersprüchlich verhandelt.[13] Dabei wird vor allem auf die Funktion hingewiesen, die die Konstruktion authentischer kultureller Identitäten im kolonialen Kontext einnahm: Die Illusion echter Identitäten diente vor allem unter den ungleichen Machtverhältnissen des Kolonialismus dazu, eine unterlegene Kultur der Kolonisierten[14] zu konstruieren, die dann wiederum im Museum durch die Ausstellung eben dieser ungleichen – aber unwiderlegbaren, da mit echten Objekten ausgestellten – Identitäten manifestiert wurde. Wissenschaften und Kolonialismus profitierten dabei wechselseitig voneinander. Mit der ungleichen Machtstruktur des Sammlungskontextes wurden auch daran anknüpfende Sammlungspraktiken legitimiert, die durch das Machtungleichgewicht der Handlungsparteien geprägt waren. Während wissenschaftliche Erkenntnisse die Legitimität und den Nutzen kolonialer Expansion bestätigten, öffneten sich durch eben diese Expansion neue Felder und Regionen für die wissenschaftliche Erforschung.[15]

[12] Achim Saupe: Authentizität, Version 2.0, in: Docupedia-Zeitgeschichte, 22.10.2012, https://docupedia.de/zg/Authentizit%C3%A4t_Version_2.0_Achim_Saupe [15.2.2015], S. 3.

[13] Pirker/Rüdiger: Authentizitätsfiktionen, S. 16.

[14] Die Gegenüberstellung von Kolonisierten und Kolonisierenden wird hier verwendet, um das prägende Machtgefälle zu verdeutlichen, in dem sich die jeweiligen Personen begegneten. Dass es sich dabei um reduzierende Zuschreibungen handelt, die nicht als Kollektiv begriffen werden können, wird vorausgesetzt.

[15] Nicholas Jardine: Sammlung, Wissenschaft, Kulturgeschichte, in: Anke te Heesen/Emma Spary (Hrsg.): Sammeln als Wissen. Das Sammeln und seine wissenschaftsgeschichtliche Bedeutung, Göttingen 2001, S. 199–220, hier: S. 218.

Im Jahr 2014 beschloss der Hamburger Senat die Erarbeitung eines gesamtstädtischen postkolonialen Erinnerungskonzeptes für die Hansestadt.[16] Dabei wurde schnell deutlich, dass vor der Entwicklung eines solchen Konzepts zunächst einmal Grundlagen erforscht werden müssten, da die umfassende Aufarbeitung des kolonialen Erbes bisher vernachlässigt worden sei. Um zu erinnern, müsste erst einmal aufgearbeitet werden, was es zu erinnern oder zu vergessen gäbe und welche Auswirkungen die koloniale Vergangenheit auf die Gegenwart habe. Ohne hier die durchaus berechtigte Kritik an diesem Beschluss diskutieren zu wollen, ist er doch ein deutliches Zeichen, dass die koloniale Vergangenheit der Hafenstadt zunehmend in den Blick unterschiedlicher politischer, wissenschaftlicher und wirtschaftlicher Akteure rückt. Hamburg verfügte als Handelsstadt trotz des späten Einstiegs des Deutschen Reichs in die formale Kolonialherrschaft über unterschiedlichste Verbindungen zu außereuropäischen Gebieten.[17] Das Hamburger Museum für Völkerkunde ist mit seinen engen Verflechtungen mit dem Hamburger Kolonialinstitut und später der Universität ein nicht unerheblicher Bestandteil der zu beleuchtenden Institutionen und Strukturen der Hansestadt. Auch die an der Rothenbaumchaussee und in diversen Außenlagern aufbewahrten Objekte stellen eine direkte Verbindung zu ehemaligen Kolonialgebieten dar, die auf vielfältige Weise Teile der Verflechtungen von Wissenschaft, Wirtschaft, Politik und Kolonialismus aufzeigen können.

Im Folgenden wird Kolonialismus »als Herrschaftsverhältnis zwischen Kollektiven sowie als reflexiver kultureller Vorgang« verstanden, innerhalb dessen sowohl kolonisierte Gebiete als auch die kolonisierenden Mächte und deren gesellschaftliches Leben beeinflusst wurden.[18] Diese Einflüsse waren nicht nur politischer Natur, sondern betrafen vor allem auch die Produktion und Reproduktion von Wissen und identi-

[16] Drucksache 20/12383, 8. Juni 2014: Stellungnahme des Senats zu dem Ersuchen der Bürgerschaft vom 13. Juni 2013 »Bericht des Kulturausschusses über die Drucksache 20/3752: Aufarbeitung des »kolonialen Erbes« – Neustart in der Erinnerungskultur unter Einbeziehung der Partnerschaft mit Daressalam« (Drucksache 20/8148). http://suche.transparenz.hamburg.de/dataset/stellungnahme-des-senats-zu-dem-ersuchen-der-buergerschaft-vom-13-juni-2013-bericht-des-20-8148 [3.8.15].

[17] Jens Ruppenthal: Kolonialismus als »Wissenschaft und Technik«. Das Hamburgische Kolonialinstitut 1908 bis 1919, Stuttgart 2007, S. 70.

[18] Anja Laukötter: Von der »Kultur« zur »Rasse«. Vom Objekt zum Körper? Völkerkundemuseen und ihre Wissenschaften zu Beginn des 20. Jahrhunderts, Bielefeld 2007, S. 42.

tätsstiftenden Narrativen.[19] Innerhalb dieser Systeme der Wissensproduktion nahmen die Völkerkundemuseen einen zentralen Platz ein: Einerseits waren die von ihnen veröffentlichten Inhalte wissenschaftlich gesichert und erhielten damit eine wenig bestrittene Glaubwürdigkeit. Andererseits boten die Museen mit ihren Schausammlungen einen öffentlichen Raum, um eigenständig die gesammelten Artefakte der »Anderen« zu besichtigen, um so selbst auf Spurensuche zu gehen. Das Hamburger Museum für Völkerkunde als eines der größten und bedeutendsten seiner Zeit eignet sich dabei besonders für eine beispielhafte Fallstudie.[20] Wie eng auch in den Augen des Hamburger Museumsdirektors Georg Thilenius (1868–1937)[21] die Verknüpfungen zwischen der Hansestadt und den kolonialen Bestrebungen waren, wird anhand einer Vorlage für ein Anschreiben zur Gewinnung von Sammelnden in überseeischen Gebieten deutlich:

> »Sehr geehrter Herr! Es wird Ihnen nicht unbekannt sein, daß die Stadt HAMBURG durch den kürzlich vollendeten Bau ihres Museums für Völkerkunde dem lange gehegten allgemeinen Wunsche näher zu kommen hofft, endlich diejenige Stellung zwischen den führenden in [sic] und ausländischen ethnographischen Museen einzunehmen, welche zu erringen man von ihr als größter Seehandelstadt [sic] des Kontinentes mit ihren Beziehungen zu den entlegensten Plätzen aller Erdteile, ferner Hauptvertreterin deutsch-kolonialer Interessen schon lange und mit Recht erwarten durfte.«[22]

Die Kolonialbestrebungen des deutschen Reichs und auch die Gründungswelle der Völkerkundemuseen fielen in eine von Umbrüchen geprägte Zeit: Durch die Veränderungen der Moderne schienen bisher deutlich abgrenzbare Identitäten zu verschwimmen. Die Bezugspunkte des eigenen Seins wurden beweglich und damit unsicher. Geographische, aber vor allem soziale Mobilität brachte bekannte Strukturen durcheinander und erhöhte so das Bedürfnis nach Ori-

[19] Für einen Überblick s. Dirk van Laak: Über alles in der Welt. Deutscher Imperialismus im 19. und 20. Jahrhundert, München 2005, v.a. S. 22ff.

[20] Laukötter: Von der »Kultur«, S. 52.

[21] Bevor er nach Hamburg kam, war Thilenius seit 1900 Professor für Anthropologie und Ethnologie an der Universität Breslau. Zwischen 1904 und 1935 wirkte er als hauptamtlicher Direktor des Hamburger Museums für Völkerkunde. Ab seiner Gründung 1908 gehörte Thilenius auch dem Lehrkörper des Hamburger Kolonialinstituts an und war nach der Gründung der Universität Hamburg dort als Direktor und späterer Professor für Völkerkunde tätig.

[22] MV 101–1, Nr. 78.

entierung.[23] Die vorher verwendeten, und benötigten, Identitätsstiftende Kategorien schienen nicht mehr tragfähig und mussten umgedacht werden.[24] Diese durch Urbanisierung, soziale Differenzierung und später den Ersten Weltkrieg verstärkte Umbruchssituation ließ auch die weit entfernten Kolonien greifbarer erscheinen und rückte sie aufgrund technischer Neuerungen ins Blickfeld breiterer Bevölkerungsschichten. Entsprechend stieg der Bedarf an Erklärungen für das fremd scheinende Leben auf anderen Kontinenten, die unter anderem die Völkerkundemuseen lieferten.[25] Daraus resultierte in der zweiten Hälfte des 19. Jahrhunderts ein regelrechter Gründungsboom von ethnologischen Museen, Völkerschauen und ethnografischen Ausstellungen aller Art. Hier kann auch das Hamburger Museum eingeordnet werden, für das 1879 ein Regulativ erlassen wurde, welches die Aufgaben und strukturelle Anbindung des zukünftigen Museums für Völkerkunde definierte.[26] Es reiht sich damit auch innerhalb der Hamburger Stadtentwicklung in eine Phase der Gründungen von Kulturinstitutionen ein.[27]

Damit einhergehend wurde der Sammlungsausbau über einen längeren Zeitraum vorangetrieben. Zwar wurden die Objekte nicht immer im Kontext einer formalen Kolonialherrschaft gesammelt, doch entstammen sie alle einer Sammlungspraxis, die zwangsweise von einem massiven Machtungleichgewicht zwischen Sammelnden und »Besammelten« geprägt war.[28]

[23] Avril Bell: Relating Indigenous and Settler Identities. Beyond Domination, (Identity Studies in the Social Sciences), London 2014, S. 26.

[24] Hall geht davon aus, dass Menschen »um überhaupt zu funktionieren, klar unterschiedene, positive Begriffe brauchen, von denen viele sich scharf gegeneinander polarisieren.«, Stuart Hall: Der Westen und der Rest – Diskurs und Macht, In: Ders.: Rassismus und kulturelle Identität, (Ausgewählte Schriften, Bd.2), Hamburg 1994, S. 137–179, hier: S. 141.

[25] Laukötter: Von der »Kultur«, S. 9.

[26] Regulativ Nr. 24, 29. April 1879: »Bekanntmachung, betreffend Bestimmungen für die Verwaltung des Museums für Völkerkunde«, § 1, in: Jürgen Zwernemann: Hundert Jahre. Hamburgisches Museum für Völkerkunde, Hamburg 1980, S. 109–111.

[27] Sven Beckert: Die Kultur des Kapitals. Bürgerliche Kultur in New York und Hamburg im 19. Jahrhundert, in: Wolfgang Kemp u.a. (Hrsg.): Vorträge aus dem Warburg-Haus, Bd. 4, Berlin 2000, S. 141–176, hier: S. 158.

[28] »Sammeln« bezeichnet im Deutschen zwei verschiedene Prozesse. Zum einen ist damit der Akt des Aufsammelns gemeint, währenddessen das Objekt aus seinem Herstellungskontext entfernt und mitgenommen wird. Zum anderen bezeichnet »Sammeln« ebenfalls das Zusammentragen der Dinge z.B. in einem Museum, in welchem die Objekte zu Konvoluten zusammengefasst und kategorisiert werden.

Im Gegensatz zu anderen Völkerkundemuseen blieb der Hamburger Fokus lange Zeit auf explizit ethnologische Fragestellungen gerichtet, ohne anthropologische Untersuchungen aufzunehmen.[29] Entsprechend spielte das Konzept der »Rasse« im hier beleuchteten Zeitraum für die Sammlungen des Hamburger Museums eine untergeordnete Rolle. Trotz der zunehmenden Popularität des Rassekonzepts, sowohl in Wissenschaft als auch Wirtschaft, beschränkte sich das Völkerkundemuseum zunächst auf ethnologische Untersuchungen und weniger auf anthropologische Fragestellungen.[30]

Obwohl im Vergleich zum 18. Jahrhundert in der Gründungsphase des Hamburger Völkerkundemuseums Privatsammlungen eher abnahmen und damit die Objektanhäufung unabhängiger von persönlichen Netzwerken wurde,[31] war durch seine lange Dienstzeit von über 30 Jahren und seinen prägenden Einfluss auf die Grundausrichtung des Hauses im Hamburger Beispiel der erste hauptamtliche Direktor Georg Thilenius nach wie vor im Zentrum der Kontakte und Bekanntschaften, durch die das Museum mit Objekten versorgt wurde. Sein über Jahrzehnte andauernder Einfluss und die Gestaltung des Neubaus nach seinen Wünschen prägten das Hamburger Museum in einem unvergleichbaren Maß.[32]

Obwohl die Etablierung der Ethnologie zeitlich und auch inhaltlich mit der europäischen Expansion verschränkt und auch im deutschsprachigen Raum mit der formalen Herrschaft über Kolonien verknüpft ist, kann die Ethnologie nicht grundsätzlich als eine rein koloniale Wissenschaft verstanden werden.[33]

Sprachlich lassen sich diese beiden unterschiedlichen Prozesse nicht trennscharf fassen, werden im Folgenden aber durch ihren jeweiligen Kontext genauer spezifiziert.

29 Laukötter: Von der »Kultur«, S. 65.

30 Später wandte sich Thilenius durchaus »Rassefragen« zu und verfasste unter anderem den Artikel zu »Menschenrassen« in Heinrich Schnee (Hrsg.): Deutsches Koloniallexikon, Bd. 1–3, Leipzig 1920, S. 546, vgl. Laukötter: Von der »Kultur«, S. 125.

31 Anke te Heesen/Emma Spary: Sammeln als Wissen, in: Dies. (Hrsg.): Sammeln als Wissen. Das Sammeln und seine wissenschaftsgeschichtliche Bedeutung, Göttingen 2001, S. 7–21, hier: S. 17.

32 Laukötter: Von der »Kultur«, S. 218.

33 Für einen kurzen Abriss der Entstehungsgeschichte der wissenschaftlichen Disziplin s. Matthias Fiedler: Zwischen Abenteuer, Wissenschaft und Kolonialismus. Der deutsche Afrikadiskurs im 18. und 19. Jahrhundert, Köln 2005, S. 232ff.

1.1 Vorgehensweise und Ziele

Ziel dieser Untersuchung ist es aufzuzeigen, wie und warum in der Etablierungsphase des Hamburger Völkerkundemuseums zwischen 1904 und 1919 die Frage der Authentizität eine Rolle für den Aufbau und die weitere Etablierung des Museums und seiner Sammlung spielte. Sabrow und Saupe weisen in dem kürzlich erschienenen Sammelband des Leibniz-Forschungsverbunds »Historische Authentizität« auf die Notwendigkeit der Untersuchung von eben diesen Authentisierungsprozessen hin: »Weitgehend unerforscht sind dabei historisch spezifische Authentisierungspraktiken in unterschiedlichen Museumstypen.«[34] Entsprechend sollen im Folgenden einige Leitfragen beleuchtet werden: Welchem Zweck diente der kontinuierliche Verweis auf echte Objekte und wie äußerte sich diese teilweise fanatische Fixierung auf eine verifizierbare Authentizität und wie wurde mit wem um diese verhandelt? Dabei stehen die gesammelten und als echt oder unecht klassifizierten Objekte im Zentrum, die als Quelle historischer Analysen bisher eher vernachlässigt wurden.[35]

Wie andere Völkerkundemuseen im deutschsprachigen Raum war das Hamburger Institut 1879 ohne genauere programmatische Überlegungen oder strukturelle Planung gegründet worden und diente zunächst lediglich der Aufbewahrung außereuropäischer Objekte. In Hinblick auf die Expansionsbestrebungen des Deutschen Reichs fiel die Gründung der meisten Völkerkundemuseen in die sogenannte »Experimentierphase«, in der auch die Form der deutschen Kolonialbeteiligung nicht einheitlich war.[36] Erst mit dem Amtsantritt des ersten hauptamtlichen Direktors Georg Thilenius 1904 wurden der Ausbau des Hamburger Museums und die Kooperation mit unterschiedlichen wissenschaftlichen und politischen Persönlichkeiten sowie Institutionen gezielt verfolgt, weshalb mit dieser Zensur auch der hier untersuchte Zeitraum einsetzt. Vor 1904 war das Museum übergangsweise durch den ehemaligen Kaufmann Carl W. Lüders als Vorsteher und den Interimsleiter Karl Hagen geführt worden,[37] weshalb in dieser Zeit

[34] Martin Sabrow/Achim Saupe: Historische Authentizität. Zur Kartierung eines Forschungsfeldes, in: Dies. (Hrsg.): Historische Authentizität, Göttingen 2016, S. 7–28, hier S. 18.

[35] Andreas Ludwig: Materielle Kultur, Version: 1.0, in: Docupedia-Zeitgeschichte, 30.5.2011, http://docupedia.de/zg/Materielle_Kultur?oldid=106448 [12.2.2015], S. 1.

[36] Ruppenthal: Kolonialismus, S. 12.

[37] Hagen übernahm 1907 unter Thilenius dann die Abteilung Süd- und Ostasien.

der Sammlungsaufbau und die inhaltliche Ausrichtung der Institution kaum aktiv vorangetrieben wurden. Entsprechend liegt das Hauptaugenmerk dieser Arbeit auf dem Zeitraum zwischen 1904 und 1919, in dem nicht nur in Hamburg die Sammlung des ethnologischen Museums bedeutend anwuchs.[38] Während der Konsolidierung der deutschen Besitzungen außerhalb Europas sowie der folgenden Verwissenschaftlichung des Kolonialismus entwickelte sich auch das Hamburger Völkerkundemuseum und baute sowohl seine Sammlungen als auch seine wissenschaftliche und städtische Rolle aus. Die zweite Generation der Museumsdirektoren begann ab dem Beginn des 20. Jahrhunderts dann mit der systematischen Gestaltung der ethnologischen Museen unter Einbezug von Gebäuden und unterschiedlichen Ausstellungstechniken.[39] Auch hier bildete sich eine gesamtdeutsche Tendenz zur »Institutionalisierung kolonialer Wissenschaften« ab.[40] In diesem Rahmen prägte Thilenius die Institution in seinen über dreißig Jahren als ihr Leiter entscheidend, sodass viele der untersuchten Akten direkt seiner Korrespondenz oder von ihm angeregten Vorgängen entstammen. Auch die Planung und der Bau des Gebäudes an der Rothenbaumchaussee 1908 bis 1912 wurden während seiner langen Amtszeit durchgeführt. Darüber hinaus bietet Thilenius' Person ein gutes Beispiel der Institutionalisierung kultureller Stätten in der Hansestadt, die gleichzeitig »eine Projektion neu gefundener wirtschaftlicher und politischer Macht« der bürgerlichen Schichten darstellte.[41] Welches Gewicht die Position des Hamburger Völkerkundemuseums innerhalb der deutschen Sammlungslandschaft hatte, wird auch dadurch deutlich, dass Thilenius und seine Angestellten eine Anleitung zum Sammeln von Ethnografika mit beigelegtem Fragebogen für die zugehörigen Beobachtungen für die Expedition des Herzogs Adolf von Mecklenburg 1907 nach Ostafrika anfertigten.[42] Der Verlust der deutschen Kolonien nach den Bestimmungen des Versailler Vertrags 1919 bildet den zeit-

Ruppenthal: Kolonialismus, S. 95; Jürgen Zwernemann: Die ersten 112 Jahre. Das Museum für Völkerkunde, in: Wulf Köpke/Bernd Schmelz (Hrsg.): Die ersten 112 Jahre. Das Museum für Völkerkunde Hamburg, (Mitteilungen aus dem Museum für Völkerkunde Hamburg, NF Bd. 35), Hamburg 2004, S. 11–274, zu Lüders und Hagen v.a. S. 36–62.

38 Hahn: Materielle Kultur, S. 21.

39 Laukötter: Von der »Kultur«, S. 180f.

40 Ruppenthal: Kolonialismus, S. 13.

41 Beckert: Die Kultur, S. 168.

42 S. Korrespondenz mit Dr. Richard Kandt in Ruanda, Januar 1913, in: MV 101-1, Nr. 79.

lichen Endpunkt dieser Untersuchung, da sich mit dieser politischen Veränderung auch die Sammlungsbedingungen und -praktiken maßgeblich veränderten. Das auch als Auftrag der Hamburgischen Südsee-Expedition 1908 bis 1910 formulierte Ziel, mithilfe der Ethnologie eine deutsche Kolonialpolitik zu unterstützen und zu formen,[43] musste radikal überdacht werden. Nicht nur fehlte der direkte Zugriff auf die Kolonialgebiete, auch die personellen Sammlungsstrukturen mussten verändert werden. Zusätzlich wandelten sich die Wünsche und Hoffnungen innerhalb der Gesellschaft, die mit kolonialem Besitz verknüpft waren. Durch den Glauben an die »Kolonialschuldlüge« wurden diese zwar verschärft, gleichzeitig aber auch utopischer und fantastischer.

Diese zeitliche Eingrenzung der Untersuchung bedeutet allerdings keineswegs, dass damit auch die hier beschriebenen Wirkungsmechanismen kolonialer Welteinteilung ihre Relevanz verloren. Diese waren über die Periode der formalen deutschen Kolonialherrschaft hinaus prägend.[44]

Insgesamt wurden vor allem Aktenbestände aus dem Verwaltungsarchiv des Völkerkundemuseums ausgewertet, die erst seit kurzer Zeit zugänglich sind und daher bisher noch nicht analysiert wurden. Die ausgewerteten Bestände beziehen sich hauptsächlich auf die Erweiterung und den Aufbau der Sammlung des Museums, die Behandlung und Ausstellung der Objekte sowie die Bewertung und Verortung des Museums innerhalb der Ethnologie. Unter den eingesehenen Akten befinden sich unter anderem unterschiedliche interne und externe Korrespondenz, Rechnungen, Sammlungsaufstellungen, Kataloge, Rundschreiben und Dienstanweisungen sowie private Notizen, Gutachten und Zeitungsartikel. Darüber hinaus wurde publiziertes Material vor allem in Bezug auf die Hamburger Südsee-Expedition verwendet, die zwischen 1908 und 1910 in Mikronesien und Melanesien groß angelegte Sammlungen und Beobachtungen im Auftrag der Hamburgischen Wissenschaftlichen Stiftung und des Museums für Völkerkunde vornahm,[45] sowie die 1906 verfasste und ebenfalls in Druckform erschienene »Anleitung zum ethnologischen Beobachten und Sammeln«

43 S. »Leitsätze für die Expedition der Hamburgischen Wissenschaftlichen Stiftung in die deutsche Südsee«, in: MV 101–1, Nr. 1049.

44 Jürgen Zimmerer: Kolonialismus und kollektive Identität. Erinnerungsorte der deutschen Kolonialgeschichte, in: Ders. (Hrsg.): Kein Platz an der Sonne. Erinnerungsorte der deutschen Kolonialgeschichte, (Schriftenreihe der Bundeszentrale für politische Bildung, Bd. 1405), Bonn 2013, S. 9–40, hier: S. 15.

45 Als Überblick der Südsee-Expedition nach wie vor aktuell: Hans Fischer: Die Hamburger Südsee-Expedition. Über Ethnographie und Kolonialismus,

des Berliner Museumsdirektors Felix von Luschan, die auch das Hamburger Völkerkundemuseum an seine Sammelnden ausgab. Weiterhin wurde Thilenius' 1916 erschienene Monografie zum Hamburger Museum ausgewertet.[46]

Um den Untersuchungsrahmen zu definieren, werden in einem ersten Schritt die zugrunde liegenden theoretischen Annahmen der folgenden Analyse erläutert. Dabei wird kurz beleuchtet, welche Grundannahmen kolonialen Überlegungen zu Beginn des 20. Jahrhunderts vorausgingen und wie sich diese in Völkerkundemuseen niederschlugen. Anschließend wird das Konzept der Authentizität reflektiert und eingeordnet.

In den weiteren Ausführungen kommen dann zwei analytische Kategorien zum Tragen: Einerseits wird die grundlegende Faszination für materielle Objekte im Hamburger Völkerkundemuseum thematisiert. Dabei ist vor allem die Frage nach einer Aura dieser Objekte relevant. Weiterhin können Parallelen im Umgang mit echten ethnologischen Objekten und religiösen Reliquien aufgezeigt werden. Dabei wird analysiert, wie sich die Faszination für echte Dinge in der Praxis des Sammelns, Aufbewahrens und Ausstellens des Hamburger Museums niederschlug.

Andererseits soll aufgezeigt werden, wie über Echtheit verhandelt und korrespondiert wurde. Hier spielt vor allem die Sammlungserweiterung des Hamburger Museums und die damit verknüpfte Auswahl von Sammlern und Forschern für die Zusammenarbeit eine Rolle.

Als weiterer wichtiger Faktor für die prägenden Einflüsse von Ausstellungsnarrativen kann die Konstruktion eigener Sinnzusammenhänge durch das Publikum an dieser Stelle nicht weiter beleuchtet werden, allerdings muss bedacht werden, dass die im Museum erzählten Geschichten wohl nie genau so verstanden werden können, wie die Museumsmitarbeitenden es intendieren. Bereits seit dem 18. Jahrhundert wurde die Rolle des Publikums im Museum diskutiert und auch Thilenius stellte früh Überlegungen zur Außenwirkung seiner Ausstellungen an.[47]

Frankfurt/M. 1981, außerdem: Andreas Leipold: Das erste Jahr der Hamburger Südsee-Expedition in Deutsch-Neuguinea, 1908–1909, Bremen 2008.

46 Georg Thilenius: Das Hamburgische Museum für Völkerkunde, (Museumskunde, Zeitschrift für Verwaltung und Technik öffentlicher und privater Sammlungen, Beiheft zu Bd. XIV), Berlin 1916.

47 Michael Baxandall: Exhibiting Intention. Some Preconditions of the Visual Dis-

Ziel dieser Untersuchung kann es nicht sein, koloniale Verhaltensstrukturen oder Machtverhältnisse aus heutiger Sicht zu analysieren und zu verurteilen. Allerdings kann die Analyse dieser für aktuelle Zusammenhänge prägenden Verhältnisse dazu beitragen, dass der Umgang mit diesem Aspekt der Geschichte in einem umfassenden Reflexionsprozess überdacht wird.

1.2 Authentizität – Ein interdisziplinäres Feld

Das Thema dieser Untersuchung erfordert einen interdisziplinären Blick auf Völkerkundemuseen um die Jahrhundertwende. Zunächst wird natürlich die Geschichtswissenschaft als Fach gebende Disziplin berücksichtigt, aber auch ethnologische, museumswissenschaftliche und theologische Forschungen werden hier herangezogen, um das Phänomen der Echten Objekte so facettenreich wie möglich zu analysieren. Entsprechend werden im Folgenden unterschiedliche Forschungsstände der jeweiligen akademischen Disziplinen berücksichtigt, die sich mit Aspekten des Völkerkundemuseums als Erinnerungsort der Kolonialgeschichte auseinandersetzen.[48] Für die Aktualität der Frage nach Authentizität spricht dabei auch, dass der entsprechende Artikel von Achim Saupe im Portal Docupedia ein weiteres Mal überarbeitet wurde, während diese Arbeit entstand.[49]

Das Wesen von und die Frage nach Authentizität oder Echtheit wird nicht in erster Linie in der Geschichtswissenschaft verhandelt. In der Geschichte scheint die Frage nach authentischen Quellen relativ leicht zu beantworten: Ob eine Quelle echt und damit verlässlich und weiter zu gebrauchen ist, kann durch ihre möglichst gesicherte Zuordnung zu einer Autorin oder einem Autoren beantwortet werden. Innere und äußere Merkmale der Quelle lassen Rückschlüsse darauf zu, vor oder nach welchem Datum sie mindestens oder spätestens entstanden sein

play of Culturally Purposeful Objects, In: Karp/Lavine, Exhibiting Cultures, S. 33–41, hier: S. 34; Laukötter: Von der »Kultur«, S. 219.

48 Zum völkerkundlichen Museum als konkreten Erinnerungsort der deutschen Kolonialgeschichte s. Anja Laukötter: Das Völkerkundemuseum, in: Jürgen Zimmerer (Hrsg.): Kein Platz an der Sonne. Erinnerungsorte der deutschen Kolonialgeschichte, (Schriftenreihe der Bundeszentrale für politische Bildung, Bd. 1405), Bonn 2013, S. 231–243.

49 Achim Saupe: Authentizität, Version: 3.0, in: Docupedia-Zeitgeschichte, 25.8.2015, http://docupedia.de/zg/Authentizit.C3.A4t_Version_3.0_Achim_Saupe?oldid=107216 [25.8.15].

kann, und am Ende lässt sich die Glaubwürdigkeit eines Schriftstücks oder sogar eines Artefakts relativ gut bestimmen. Schwieriger wird es allerdings, wenn Aufarbeitung und Vermittlungsformen von Geschichte ins Spiel kommen, die ein Publikum ansprechen, das über die Mitglieder der eigenen Wissenschaft hinaus geht – was ist dann echte Geschichte? Wie kann Echtheit vermittelt werden?[50]

Zur politischen, wirtschaftlichen und wissenschaftlichen Verflechtung der Stadt Hamburg und ihrer Akteure mit deutschen Kolonialbestrebungen liegen einige Grundlagenwerke vor,[51] und auch das Verhältnis von Wissenschaft und Politik im kolonialen Kontext wird zunehmend beleuchtet.[52] Dabei lassen sich die vielfältigen Anwendungsfelder, in denen auf sehr unterschiedliche Weise um Authentizität verhandelt wird, kaum auf bestimmte wissenschaftliche Disziplinen begrenzen.[53]

Zur Geschichte der deutschen Völkerkundemuseen und ihrem Umgang mit Objekten steht noch ein großer Teil der notwendigen Forschung aus. Die hauseigenen Publikationen des Hamburger Museums gehen nicht immer über die Präsentation von Fakten hinaus und sind der Ausrichtung des Museums entsprechend vor allem ethnologischer Art. Die zentrale Bedeutung von Völkerkundemuseen für die

50 Das im deutschen Sprachraum noch junge Arbeitsfeld der Public History, der Geschichte in der Öffentlichkeit, sieht sich zunehmend mit dieser und ähnlichen Fragen konfrontiert.

51 U.a. Heiko Möhle (Hrsg.): Branntwein, Bibeln und Bananen. Der deutsche Kolonialismus in Afrika. Eine Spurensuche, Hamburg 1999; Malina Emmerink: Hamburger Kolonisationspläne 1840–1842. Karl Sievekings Traum einer »Deutschen Antipodenkolonie« im Südpazifik, (Hamburger postkoloniale Studien, Bd. 2), München 2014; zum Umgang mit kolonialer Geschichte in Hamburg und der Bundesrepublik: Jürgen Zimmerer (Hrsg.): Kein Platz an der Sonne. Erinnerungsorte der deutschen Kolonialgeschichte, (Schriftenreihe der Bundeszentrale für politische Bildung, Bd. 1405), Bonn 2013.

52 Dazu u.a. Jens Ruppenthal: Kolonialismus als »Wissenschaft und Technik«. Das Hamburgische Kolonialinstitut 1908 bis 1919, Stuttgart 2007; Benedikt Stuchtey (Hrsg.): Science across the European Empires, 1800–1950, (Studies of the German Historical Institute London), Oxford 2005; Matthias Fiedler: Zwischen Abenteuer, Wissenschaft und Kolonialismus. Der deutsche Afrikadiskurs im 18. und 19. Jahrhundert, Köln 2005; sowie mit Fokus auf die Ethnologie: Cordula Grewe (Hrsg.): Die Schau des Fremden. Ausstellungskonzepte zwischen Kunst, Kommerz und Wissenschaft, Stuttgart 2006; Glenn H. Penny: Objects of Culture. Ethnology and Ethnographic Museums in Imperial Germany, Chapel Hill 2002.

53 Michael Rössner/Heidemarie Uhl: Vorwort, in: Dies. (Hrsg.): Renaissance der Authentizität? Über die neue Sehnsucht nach dem Ursprünglichen, S. 9–14.

Etablierung und Verbreitung kolonialer Wissensstrukturen hat Anja Laukötter in ihrer Dissertation bereits am Beispiel der beiden Museumsdirektoren Georg Thilenius aus Hamburg und Felix von Luschan (1854–1924) aus Berlin herausgearbeitet.[54] Dabei bilden allerdings die gesammelten Objekte und die Faszination, mit der sie behaftet waren, bereits eine Grundannahme der Untersuchung, wenn Laukötter die Verschiebung der Untersuchungsgegenstände »vom Objekt zum Körper« analysiert. So diagnostiziert Laukötter: »Im Sinne des positivistischen Verständnisses des späten 19. Jahrhunderts wurde damit dem einzelnen Exponat aufgrund seiner Authentizität eine Repräsentationsrolle für die auszustellende Kultur zugewiesen«[55] und weist damit den echten Objekten der Völkerkundemuseen der Kolonialzeit eine zentrale Rolle für die Darstellung des Fremden und die Deutungshoheit der völkerkundlichen Museen über als exotisch wahrgenommene Kulturen zu. Sammlungen, ihr Zustandekommen und der Umgang mit ihnen bieten einen viel versprechenden Analyseansatz, da sie in der Regel verhältnismäßig gut dokumentiert sind und sich teilweise bis in das 16. Jahrhundert, also weit vor der Entstehung deutscher Völkerkundemuseen, nachvollziehen lassen.[56] Daran anknüpfend fordert Saupe »[d]ie zeitgeschichtliche Analyse von Diskursen, Kulturen und Praktiken des Authentischen«[57] als wichtigen Teil zukunftsbildender Analysen für ein besseres Verständnis gesellschaftlicher Werte und Entwicklungen. Um Untersuchungen dieser Art zu ermöglichen, scheint allerdings eine vorangehende Beleuchtung historischer Entwicklungen dieser Prozesse sinnvoll. Ebenso attestierte bereits Giloi der Untersuchung von Objekten einen ungemeinen Wert für die Untersuchung von gesellschafts- und kulturhistorischen Fragen: »How and to whom objects were transmitted, and what was done with them after they changed hands, gives insight into the motivations of those who collected, owned, and circulated them.«[58]

»Authenticity is located in the event« konstatieren Crew und Sims in ihrem viel beachteten Aufsatz.[59] Damit umgehen sie die Frage nach

[54] Laukötter: Von der »Kultur«.

[55] Laukötter: Von der »Kultur«, S. 187.

[56] Jardine: Sammlung, S. 202f.

[57] Saupe: Authentizität, Version: 2.0, S. 15.

[58] Eva Giloi: Monarchy, Myth, and Material Culture in Germany 1750–1950, (New Studies in European History), Cambridge 2011, S. 5.

[59] Spencer R. Crew/James E. Sims: Locating Authenticity. Fragments of a Dialogue,

echten Objekten mehr oder weniger, indem die Echtheitserfahrung im Erleben der Besuchenden lokalisiert wird – und diese Echtheit des eigenen Erlebens kann den Betrachtenden zunächst einmal schlecht abgesprochen werden. Durch diesen Rückzug auf das eigene Erlebnis der Besuchenden wird allerdings die Authentizitätsfiktion, die das Museum aufrechterhält, weder gebrochen noch hinterfragt. Unabhängig davon, dass Objekten Authentizität lediglich zu- oder abgesprochen werden kann, stellt das wirkmächtige Konzept von Echtheit ein konstituierendes Merkmal von Museen dar, dessen Präsenz während der ersten Jahrzehnte der Institution sich zu untersuchen lohnt, zumal die Annahme, dass Authentizität durchaus aktiv produziert wird, in der bisherigen Forschung eher untergeordnet behandelt wurde.[60] Dabei wird Pirker und Rüdigers Konzept der Authentizitätsfiktionen u.a. von Saupe zunehmend aufgegriffen und scheint besonders geeignet, um die vielfältigen Wirkungsweisen von Authentizitätsvorstellungen zu beleuchten. Infolgedessen wird davon ausgegangen, dass jede Art der Authentizität auf einem Kommunikationsprozess zwischen Herstellenden und Rezipierenden beruht, und ausschließlich die Überzeugungskraft dieser Authentizitätsfiktion die Glaubwürdigkeit des jeweiligen Produkts bestimmt.[61]

Die Ethnologie als »Sektor der Kulturwissenschaften [...], der viele Jahrzehnte für Authentizität zuständig gewesen ist«[62], war in der ersten Hälfte des 20. Jahrhunderts maßgeblich daran beteiligt, zum einen wirkungsmächtige Bilder des Anderen zu verbreiten und dabei zum anderen die Vorstellung einer darstellbaren authentischen Kultur[63] voranzutreiben. Obwohl die Konstruktion eines homogenen Anderen durch diese ethnologischen Feldforschungen innerhalb der

in: Ivan Karp/Steven Lavine (Hrsg.): Exhibiting Cultures. The Poetics and Politics of Museum Display, Washington 1991, S. 159- 175, hier: S. 174.

60 Saupe: Authentizität, Version: 2.0, S. 7.

61 Pirker/Rüdiger: Authentizitätsfiktionen, S. 16.

62 Helmuth Lethen: Versionen des Authentischen. Sechs Gemeinplätze, in: Hartmut Böhme/Klaus R. Scherpe (Hrsg.): Literatur und Kulturwissenschaften. Positionen, Theorien, Modelle, Reinbek 1996, S. 205–232, hier: S. 222.

63 Der Begriff der Kultur wird hier unter Bezug auf die Untersuchungskriterien ethnologischer Forschung verwendet. Dabei wird »Kultur« als ein Set gesellschaftlich verhandelter Verhaltensregeln, Kodizes und Richtlinien verstanden, die ebenfalls Ausdruck in materiellen Objekten finden. S. dazu auch Clifford Geertz: The Interpretation of Cultures. Selected Essays, New York 1973.

Ethnologie durch jüngere Forschungsgenerationen relativiert wurde,[64] liegen bisher wenige historische Arbeiten vor, die die Wirkungsmechanismen dieser Bilder analysieren. Um diese prägenden Einflüsse und ihre Nachwirkungen aufzuzeigen, soll diese Arbeit anhand eines Fallbeispiels einen Beitrag zur Aufarbeitung dieser Denkmuster und Sammlungsstrategien leisten.

In der ethnologischen Forschung wird Echtheit häufig mit der gesicherten Zuordnung zu einer bestimmten »Herkunftskultur« gleichgesetzt. Dass dabei die Echtheit jeweils aus einer eurozentrischen Perspektive zugeschrieben wird, wird auch in der neueren Forschung nur teilweise problematisiert: Der Anthropologe Paul van der Grijp schlug 2009 als Kriterien der Authentizitätsbestimmung unter anderem die gesicherte Herkunft und eine zuverlässige Materialanalyse vor.[65] Auch Crew und Sims gehen in ihrem viel zitierten Aufsatz zur Frage nach Authentizität in völkerkundlichen Museen von der Existenz einer kulturellen Authentizität aus, die zwar vielschichtig, aber durchaus vorhanden sei und lediglich richtig ausgestellt werden müsse.[66] Konsens besteht mittlerweile aber über den engen Zusammenhang zwischen Authentizität und Autorität. Sowohl weitreichend rezipierte Grundlagenstudien als auch neuere Forschungen verstehen Authentizität übereinstimmend als eine zugeschriebene Eigenschaft, deren Diagnose immer von der Position der jeweiligen Diagnostizierenden abhängt.[67] Laube zeigt in seiner Untersuchung bereits für die frühneuzeitlichen Kunst- und Naturalienkammern auf, wie mithilfe von Dingen aus weit entfernten Gebieten ein Herrschaftsanspruch weit über das eigene Territorium hinaus formuliert wurde.[68] An dieser Stelle kann mithilfe einer historischen Perspektive untersucht werden, welche Rolle Vorstellungen von Authentizität oder Echtheit in der Entstehungsphase der deutschen Völkerkundemuseen spielten und welche Grundlagen

64 Lethen: Versionen, S. 222.

65 Paul van der Grijp: Art and Exoticism. An Anthropology of the Yearning for Authenticity, (Comparative Anthropologica Studies in Society, Cosmology and Politics, Bd. 5), Berlin 2009, v.a. S. 315f.

66 Crew/Sims: Locating Authenticity, v.a. S. 160f.

67 S. u.a. Ivan Karp/Steven Lavine (Hrsg.): Exhibiting Cultures. The Poetics and Politics of Museum Display, Washington 1991; Burmeister: Der schöne Schein, Barbara Kirshenblatt-Gimblett: Objects of Ethnography, in: Karp/Lavine: Exhibiting Cultures, S. 386–443; Lethen: Versionen, Rössner/Uhl: Vorwort.

68 Stefan Laube: Von der Reliquie zum Ding. Heiliger Ort – Wunderkammer – Museum, Berlin 2011, S. 348ff.

für heutige Institutionen damit gelegt wurden. Jardine konstatierte bereits 2001,

> »daß nicht zuletzt Kabinette und Museen vom 16. bis zum 19. Jahrhundert zu den wichtigen Orten der Authentizitätsproduktion zählten: Orte, an denen naturhistorische Objekte Zeugnis ablegten von Reisenden und ihren Geschichten, wo Zeichnungen und Beschreibungen auf ihre Akkuratesse und Genauigkeit im Verhältnis zum Original überprüft, wo Objekte als echt oder unecht deklariert wurden.«[69]

Wie allerdings diese Authentizitätsproduktion funktionierte, wie um echte Objekte verhandelt wurde und auf welche Weise Sammlungen als echt oder unecht kategorisiert wurden, ist bisher wenig untersucht worden. Entsprechend weist auch Jardine darauf hin, dass eine genaue Darstellung und Analyse dieser Prozesse sowohl einen Beitrag leisten können, um den hohen Stellenwert der Echtheit zu erklären, als auch Interpretationsansätze für diese Entwicklung zu liefern.[70] In seinem Übersichtsartikel befindet Saupe ebenfalls: Es »bietet [...] sich an, Authentizität vor allem im Hinblick auf Kommunikationsstrukturen zu untersuchen.«[71]

Auch die Museumswissenschaften behandeln Fragen nach Authentizität und damit verbundener Deutungshoheit. Aus der Arbeitsrealität ihrer Institutionen heraus wird dabei häufig eher pragmatisch über den zukünftigen Umgang mit Museen und ihren Sammlungen verhandelt. So fragte im Juni 2015 die Sektion »History of Museum Collections/Provenance Research« des internationalen Symposiums »Positioning Ethnological Museums in the 21. Century« der Volkswagenstiftung und des Deutschen Museumsbundes in Hannover zwar nach Möglichkeiten und Chancen der Provenienzforschung für die zukünftige Ausrichtung ethnologischer Museen; die historische Analyse von Denkmustern und Grundannahmen der Institution des Völkerkundemuseums im Kontext ihrer Entstehungszeit spielte jedoch keine tragende Rolle.[72] Zu (natur-)wissenschaftlichen Sammlungen des 18. und 19. Jahrhun-

[69] Jardine: Sammlung, S. 207f.

[70] Jardine: Sammlung, S. 210.

[71] Saupe: Authentizität, Version 2.0, S. 2.

[72] Für das gesamte Programm des Symposiums s. https://www.volkswagenstiftung.de/veranstaltungen/veranstaltungsarchiv/detailansicht-veranstaltung/news/detail/artikel/positioning-ethnological-museums-in-the-21st-century/marginal/4670.html [25.8.15].

derts sowie ihren Vorläufern, den Kunst- und Kuriositätenkammern, liegen mit den Untersuchungen von Dominik Collet,[73] Anke te Heesen und Emma Spary[74] sowie Elke Bujok[75] eine Reihe von Arbeiten vor, die neben dem Sammlungsaufbau auch soziale und teilweise wirtschaftliche Funktionen dieser vor-musealen Sammlungen analysieren. Bujok analysiert darüber hinaus spezifisch die Funktion von Africana und Americana in Kunstkammern bis 1670. Dabei werden über die Sammlungen selbst hinaus zunehmend auch der Prozess des Sammelns und das Zustandekommen der Sammlungen analysiert. In Anlehnung daran wird in museumstheoretischen Abhandlungen häufig auf die akkumulierende Ausstellungsweise des 19. und beginnenden 20. Jahrhunderts Bezug genommen, allerdings wird diese im Kontrast zu aktuellen Ausstellungen durchaus als informativ und anschaulich bewertet, ohne die historischen und kulturellen Zusammenhänge zu beleuchten, aus denen diese Ausstellungsweise hervorging.[76] Aus zeitgenössischer Sicht werden so Kunstausstellungen in ihrer steril scheinenden Aufstellung als verfälschend und interpretierend wahrgenommen, während der Versuch einer vollständigen Ausstellung der frühen Völkerkundemuseen als informativ bewertet wird.[77]

Zu Wesen und Auswirkungen des Konzepts der Authentizität in Repräsentationen von Kultur und Geschichte in der Öffentlichkeit bietet der differenzierte Sammelband von Pirker und Rüdiger einen

73 Dominik Collet: Die Welt in der Stube. Begegnungen mit Außereuropa in Kunstkammern der Frühen Neuzeit, (Veröffentlichungen des Max-Planck-Instituts für Geschichte, Bd. 232), Göttingen 2007.

74 Anke te Heesen/Emma Spary (Hrsg.): Sammeln als Wissen. Das Sammeln und seine wissenschaftsgeschichtliche Bedeutung, Göttingen 2001.

75 Elke Bujok: Neue Welten in europäischen Sammlungen. Africana und Americana in Kunstkammern bis 1670, Berlin 2004.

76 z.B. James Putnam: Art and Artifact. The Museum as Medium, London 2001.

77 So bezeichnet die Anthropologin Antje Kelm die Hamburgische Südsee-Expedition beispielsweise als »ehrgeizigste[s], umfassendste[s] und erfolgreichste[s] Projekt [...], das je von einem deutschsprachigen Völkerkundemuseum aus gestartet worden ist.« S. Antje Kelm: Einführung, in: Wulf Köpke/Bernd Schmelz (Hrsg.): Hamburg-Südsee. Expedition ins Paradies, (Mitteilungen aus dem Museum für Völkerkunde Hamburg, NF Bd. 33), Hamburg 2003, S. 71–85, hier: S. 71.; auch der ehemalige Direktor des Hamburger Museums Jürgen Zwernemann lobte in seiner 1980 unter dem Titel »Hundert Jahre. Hamburgisches Museum für Völkerkunde« veröffentlichten Darstellung, die 2004 in »Die ersten 112 Jahre. Das Museum für Völkerkunde Hamburg« wieder aufgelegt wurde, die Sammlungsleistungen der frühen Museumsdirektoren.

Überblick.[78] Ähnlich wie in den vielfach zitierten Aufsätzen von Crew und Simms[79] sowie Lethen[80] bietet sich hier ein Ansatz für die Analyse von Authentizitätsvorstellungen und –versuchen ab dem 20. Jahrhundert, während historische Entwicklungen und Ursprünge des Konzepts wenig beleuchtet werden. Zum Wandel des Museums als Institution und zum Phänomen der andauernden Faszination bieten die Überlegungen von Gottfried Korff nach wie vor eine erste Grundlage.[81]

Unabhängig von der jeweiligen Wissenschaft wird in neueren bzw. nach wie vor aktuellen Publikationen schwerpunkthaft »die moderne Karriere des Authentischen als Kriterium der Kunst sowie der Moral des ungekünstelten Lebens«[82] analysiert und eine historische Entwicklung dieser Kategorie ausgeblendet. Susanne Knaller bemängelt entsprechend, dass Debatten um die Begriffsverwendung der Authentizität im 18. und 19. Jahrhundert ohne Berücksichtigung historischer Entwicklungen der sprachlichen Ausdrücke geführt würden.[83] Allerdings wäre es an dieser Stelle illusorisch anzunehmen, dass Vorstellungen von Echtheit keine Rolle gespielt hätten, nur weil sie sprachlich anders gefasst wurden.

78 Eva Ulrike Pirker/Mark Rüdiger (Hrsg.): Echte Geschichte. Authentizitätsfiktionen in populären Geschichtskulturen, Bielefeld 2010.

79 Crew/Sims: Locating Authenticity.

80 Lethen: Versionen.

81 Vgl. Gottfried Korff: Musealisierung total? Notizen zu einem Trend, der die Institution, nach der er benannt ist, hinter sich gelassen hat, in: Klaus Füßmann/Heinrich Theodor Grütter/Jörn Rüsen (Hrsg.): Historische Faszination. Geschichtskultur heute, Köln 1994, S. 129–144.

82 Lethen: Versionen, S. 219.

83 Knaller, Susanne/Müller, Harro: Authentizität und kein Ende, in: Dies. (Hrsg.): Authentizität. Diskussion eines ästhetischen Begriffs, München 2006, S. 7–16, hier: S. 16.

2 Ethnologische Museen und gesammelte Objekte – Grundlagen der Untersuchung

Wie bereits ausgeführt, bewegt sich diese Arbeit in einem interdisziplinären Forschungsfeld. Entsprechend müssen auch für den theoretisch-methodischen Unterbau unterschiedliche Ansätze herangezogen werden, um dem komplexen Themenfeld gerecht zu werden. Dazu werden im Folgenden einige Grundlagen bezüglich eines kolonialen Weltbildes um die Jahrhundertwende sowie die Grundbedingungen der Institution Völkerkundemuseum und das Konzept der Authentizität erläutert.

2.1 Grundannahmen kolonialer Weltanschauungen

> »Wenn Wissen Macht ist und diese Macht als Verflechtung von epistemischer und struktureller Gewalt verstanden werden kann, so müssen die Wissenschaften des Abendlandes, wie sie sich seit der Aufklärung etablierten, als Machtapparat verstanden werden.«[84]

Besonders Völkerkundemuseen trugen mit ihren Narrativen zur Identitätsbildung von Gesellschaften bei. Bereits in Namensgebung und Ausrichtung der Museen ist eine exotisierende Darstellung anderer Kulturen, Völker oder Gesellschaften angelegt: Das Völkerkundemuseum verpflichtet sich einerseits selbst, andererseits auch den Besuchenden gegenüber, das »Andere« zu zeigen und über »fremde« Lebensweisen aufzuklären. Damit trugen diese Museen dazu bei, eine ganz bestimmte Sichtweise auf das Eigene und das Fremde zu implementieren. Sie bildeten Orte, an denen »bestehende ›koloniale Phantasien‹ mittels ethnographischer Objekte mit einem wissenschaftlichen Impetus versehen wurden.«[85] Die eigene, westlich-europäische Lebensweise konnte so als modern, fortschrittlich und vorbildlich interpretiert werden, während außereuropäische Gesellschaften einfach, ursprünglich oder unterentwickelt schienen. Völkerkundemuseen sind also eine Institution, in der die Dichotomie zwischen »Wir« und »die Anderen«, zivilisiert

84 Britta Lange: Prekäre Situationen. Anthropologisches Sammeln im Kolonialismus, in: Holger Stoecker/Thomas Schnalke/Andreas Winkelmann (Hrsg.): Sammeln, Erforschen, Zurückgeben? Menschliche Gebeine aus der Kolonialzeit in akademischen und musealen Sammlungen, Berlin 2013, S. 45–69, hier: S. 45.

85 Laukötter: Von der »Kultur«, S. 188.

versus unzivilisiert oder – um mit Hall zu sprechen – dem Westen und dem Rest, besonders betont wurde.[86] Dabei lässt sich »westlich« mit den oben genannten, positiven Attributen gleichsetzen, während »der Rest« die angeblich auf einer niedrigeren zivilisatorischen Stufe stehenden Gesellschaften außerhalb der eigenen Realität bezeichnet. Im Folgenden wird daher in Anlehnung an Hall »westlich« und »europäisch« im Sinne dieser positiven kollektiven Selbstzuschreibung verwendet. Dabei bezeichnet der »Westen« nicht in erster Linie eine geographische Einheit, sondern bezieht sich vielmehr auf zugeschriebene Gesellschaftstypen und damit vermeintlich einhergehende Entwicklungsstufen überseeischer Gebiete.[87]

Die so konstruierten und sehr eindeutigen Gruppenzugehörigkeiten dienten der Orientierung innerhalb einer sich subjektiv verkomplizierenden Weltordnung. In dieser Wahrnehmung der »Moderne« spielten Gesellschaften außerhalb Europas und Nordamerikas eine entscheidende Rolle.[88] Obwohl soziale Positionierungen innerhalb einer Gesellschaft oder eines globalen Systems zu keiner Zeit einfach oder eindeutig waren,[89] suggerierte die Einteilung in das Eigene und das Fremde eine klare Orientierungslinie innerhalb der — durch das koloniale Ausgreifen der westlichen Mächte — deutlich vergrößert wahrgenommenen Welt. Die Einteilung in Eigenes und Fremdes erlaubte nicht nur eine subjektive Erschließung der Welt, sondern stellte gleichzeitig Anknüpfungspunkte für die wissenschaftliche Einteilung bereit, um Gesellschaften zu vergleichen und zu bewerten.[90]

Die räumliche und gefühlte kulturelle Distanz zu den entlegenen Gebieten der Kolonialbestrebungen sollte dabei überbrückt werden: Mithilfe von originalen Objekten aus den jeweiligen Regionen oder Gesellschaften sollte die Distanz zwischen Dargestelltem und Darstellenden, zwischen Kolonien und europäischem Mutterland überwunden werden.[91]

Um dennoch die Differenzen zwischen der eigenen, westlich-entwi-

[86] Hall: Der Westen.

[87] Hall: Der Westen, S. 137.

[88] Ebd.

[89] Bruno Latour: Reassembling the Social. An Introduction to Actor-Network-Theory, Oxford 2005, S. 28f.

[90] Hall: Der Westen, S. 138f.

[91] Burmeister erläutert diesen Zusammenhang am Beispiel von Ausstellungen mit historischem Inhalt, Burmeister: Der schöne Schein, S. 100.

ckelten und der anderen, ursprünglichen Kultur aufzuzeigen und zu verbreiten, war der Rückgriff auf Klischees, bereits vorhandene Vorstellungen und verallgemeinernde Bilder eine effektive Strategie.[92] Eine autochthone Gesellschaft wurde nur dann als traditionell und wahrhaftig »ursprünglich« wahrgenommen, wenn sie ihren Alltag an Gewohnheiten vergangener Jahrhunderte ausrichtet, um die Form der Gesellschaft zu verkörpern, die zum Zeitpunkt des ersten Aufeinandertreffens mit europäischen Siedlern »entdeckt« wurde. Bell nennt diese Inszenierung eine »authentische Identität«, die vor allem in Nationen mit einer Besiedlungsgeschichte häufig von indigenen Gruppen erwartet wird.[93] Auf ähnliche Weise bewahrten Völkerkundemuseen einen vermeintlich »ursprünglichen« Eindruck von den erforschten Gesellschaften und Regionen. Die zum Zeitpunkt einer Reise gesammelten Objekte, Berichte und später auch Fotografien repräsentierten das unumstößliche Abbild der bereisten Länder, die dann nur auf diese Weise auch zu Hause in Europa ausgestellt werden konnten. Bells Konzept eines Diskurses der indigenen Authentizität[94] lässt sich von Siedlungsgesellschaften auf europäische Völkerkundemuseen des 19. und 20. Jahrhunderts übertragen. Auch hier wurde vor dem Hintergrund sich ständig wandelnder gesellschaftlicher Bedingungen der Moderne das Verlangen nach Berechenbarem, nach eindeutig klassifizierbaren und simplen Identitäten durch die vereinfachte Zuordnung außereuropäischer Gesellschaften ein klares Gegenstück zur eigenen Identität geschaffen. Mithilfe dieser vermeintlich eindeutigen Kategorien konnten dann auch klare Vorstellungen des Eigenen und des Anderen geschaffen werden, die vereinfachte Darstellung des Anderen stärkte so die eigene Identität.

Dabei wurde originalen Objekten aus den Regionen, in denen fremde Kulturen zu finden waren, eine besonders aussagekräftige Darstellung zugesprochen. Als in Europa möglichst einzigartige oder seltene Objekte erhielten diese Exponate einen Status der Zeugenschaft,[95] sie bildeten »stumme Zeugen« unbekannter Gegenden und Menschen, die durch ihre eigene Biografie quasi eine direkte Verbindung mit den Kolonisierten herstellen und so möglichst realitätsgetreu das Andere abbilden konnten.

92 Hall: Der Westen, S. 139.
93 Bell: Relating Indigenous and Settler Identities, S. 25f.
94 Bell: Relating Indigenous and Settler Identities, S. 25.
95 Burmeister: Der schöne Schein, S. 18.

Die Suche nach »authentischen« Sammlungsgegenständen war also nicht nur der Versuch, Wissen über fremde Gesellschaften zu gewinnen und die (koloniale) Welt so zugänglicher und kontrollierbarer zu machen. Sie war gleichzeitig Teil einer Selbstkonstruktion der Sammelnden, Ausstellenden und Kolonisierenden. Völkerkundemuseen bildeten innerhalb dieser Konstruktion einen gesellschaftlichen Knotenpunkt, an dem koloniale Annahmen zugespitzt hervorgehoben wurden.

2.2 »It is not possible to exhibit objects without putting a construction upon them.«[96] Völkerkundemuseen um die Jahrhundertwende

Die Völkerkunde bildete sich ab den 1860er-Jahren als eigenständige Wissenschaft heraus, die auch bald nach Museen für die Darstellung ihrer Ergebnisse und Trophäen verlangte. Dabei war den Vertretern der jungen Wissenschaft ein überzeugter Evolutionismus gemeinsam, demzufolge der »Kulturfortschritt« verschiedener Völker in einem Stufenmodell hierarchisch dargestellt werden konnte, bei dem europäische und nordamerikanische Gesellschaften die am weitesten entwickelte Spitze bildeten. Um innerhalb dieser Logik die gesamte Menschheitsentwicklung zu erforschen, sollte die Beschäftigung mit der »niedrigsten« Entwicklungsstufe außereuropäischer »Naturvölker« umfassende Erkenntnisse bringen.[97] Entsprechend sollten eben diese Völker vor jeglichen äußeren Einflüssen bewahrt werden, um so einen ursprünglichen Zustand der menschlichen Entwicklung zu konservieren und anhand der gesammelten Gegenstände auch nach Europa zu exportieren. Besonders anschaulich teilten die Museen diese Objekte in ihrer Ausstellung dann bestimmten »Kulturräumen« zu, mithilfe derer die näher rückende Welt strukturiert wurde.[98]

Aufbauend auf den gesammelten Dingen wurde »Kultur« zur wichtigsten Untersuchungskategorie der aufkommenden Ethnologie, die einen statischen Zustand ohne Entwicklung beschrieb, der es wiederum ermöglichte, den untersuchten Gesellschaften eine »einfache« und

[96] Baxandall: Exhibiting Intention, S. 34.

[97] Laukötter: Von der »Kultur«, S. 35f.

[98] Anja Laukötter: Vom Alltags- zum Wissensobjekt. Zur Transformation von Gegenständen in Völkerkundemuseen im beginnenden 20. Jahrhundert, in: Themenportal Europäische Geschichte (2008), http://www.europa.clio-online.de/2008/Article=290 [24.2.2015].

»ursprüngliche« Lebensweise zu bescheinigen und dagegen die eigene Identität als überlegenes Kulturvolk zu konstruieren. 1914 definierte die seit ihrem ersten Erscheinen 1906 häufig verwendete Sammlungsanleitung der Berliner Professoren von Luschan und Ankermann in ihrer vielfachen Auflage Kultur »als Inbegriff alles[sic!] dessen, was die Menschheit im Laufe einer vieltausendjährigen Entwicklung an materiellen und geistigen Gütern hervorgebracht hat«[99], und sah die unterschiedlichen Ausprägungen dieser Güter als einzelne Äste eines gemeinsamen Kulturstammbaums. Wie im kolonialen Gesamtsystem diente hier die Analysekategorie der »Kultur« nicht nur der vermeintlich wissenschaftlichen Untersuchung der »Anderen«, sondern immer auch dazu, die eigene Überlegenheit zu konstruieren und so übergriffige und zerstörerische Vorgehensweisen zu legitimieren.

»Museen [...] sind außeralltägliche Orte mit ihren eigenen Perzeptionsbedingungen.«[100] Obwohl sich die Besuchenden bewusst in die besondere Situation eines Museumsbesuchs begeben und damit verbundene Erwartungen ihren Besuch beeinflussen,[101] wird die daraus folgende spezielle Wahrnehmungssituation nicht unbedingt bewusst bedacht. Die Ausgestelltheit der Exponate und der Konstruktcharakter der Ausstellungsnarrative werden ausgeblendet. Durch ihren Ruf als Bildungsinstitutionen, deren Besuch zum einen symbolisches Kapital in Form von Wissen vermittelt, zum anderen aber auch durch den Eintrittspreis einen wirtschaftlichen Wert bekommt, werden präsentierte Inhalte und Deutungsmuster der Museen unkritisch übernommen.[102] Dabei bieten Völkerkundemuseen noch eine doppelte Konstruktion an: Neben dem ohnehin unbedingt konstruierten Ausstellungsnarrativ werden durch die Ausstellung der »Anderen« darüber hinaus wirksame Identitäten konstruiert.[103] Indem angeblich das Fremde konkretisiert und durch Ausstellungsobjekte greifbar gemacht wird, werden dichotome Identitäten des Eigenen und des Anderen geschaffen, die unvermeidbar mit den scheinbar eindeutigen Fakten über fremde Erdteile einhergehen.

Kaum jemand der Besuchenden kennt die Objekte in ihrer Herstellungsumgebung und so verläuft die Inszenierung fast unbemerkt. Da-

99 Felix von Luschan/Bernhard Ankermann: Anleitung zum ethnologischen Beobachten und Sammeln, Berlin 1914, S. 8.
100 Burmeister: Der schöne Schein, S. 103.
101 Ebd.
102 Ebd.
103 Laukötter: Von der »Kultur«, S. 10.

bei wird auch unterschlagen, dass der Großteil der Objekte in ethnologischen Museen nicht für die Ausstellung darin angefertigt wurde.[104] Im 18. und 19. Jahrhundert galten diese Annahmen noch in verstärkter Form: Der Zugang zu Informationen über Objekte, Sammlungskontext und Ausstellungsmöglichkeiten beschränkte sich auf das, was Museen, Kuratierende und Sammelnde selbst preisgaben. Über das freiwillig ausgegebene Hintergrundwissen hinaus konnten kaum weitere Aspekte in Erfahrung gebracht werden. Zusätzlich war die Anzahl der Institutionen, die zum Vergleich zur Verfügung standen, verhältnismäßig gering und die Erfahrungen des Publikums mit musealen Ausstellungen dadurch eher begrenzt. Diese Neuartigkeit der Ausstellungen, die den subjektiv erfahrbaren geographischen Raum für die Besuchenden erweiterten und gleichzeitig eine Struktur und unweigerlich auch Vereinfachung dieser Erfahrungen boten, machten einen großen Teil ihres Reizes aus.[105]

Mit der Etablierung unterschiedlichster Arten von Museen und vor allem auch der Eröffnung diverser Völkerkundemuseen im Deutschen Reich wurden die Ergebnisse überseeischer Expeditionen, Forschung und »Entdeckung« einem deutlich größeren Publikum zugänglich gemacht. Während Kunst- und Raritätenkammern meist ausschließlich den gehobenen Schichten der jeweiligen Besitzenden offen standen,[106] hatten die Museen mit ihrem expliziten Bildungsauftrag ein deutlich breiteres Publikum anzusprechen und ermöglichten unterschiedlichsten Schichten den Zugang zu ihren Ausstellungen. Bis zum Ende des 18. Jahrhunderts hatten die wenigen existierenden Museen strenge Auflagen für den Besuch ihrer Ausstellungen: Ohne Nachweise über ihr angemessenes Interesse und einen guten Grund für den Besuch wurde Interessierten der Zutritt verwehrt.[107] Erst mit der Etablierung zahlreicher auch staatlich geförderter Museen wurde der Bildungsauftrag der Bevölkerung gegenüber zum zentralen Bestandteil der Aufgaben und des Selbstverständnisses der Museen. Eine Gemeinsamkeit der Kuriositätenkabinette und späterer Museen ist jedoch die Verbindung von gesammelten Objekten und gesellschaftlichem oder wissenschaft-

104 Susan Vogel: Always True to the Object, in Our Fashion, in: Karp/Lavine: Exhibiting Cultures, S. 191–204, hier S. 191.

105 Laukötter: Von der »Kultur«, S. 13.

106 Michael Hog: Ethnologie und Öffentlichkeit. Ein entwicklungsgeschichtlicher Überblick, (Europäische Hochschulschriften, Reihe XIX, Abt. B Ethnologie, Bd. 19), Frankfurt/Main 1990, S. 35.

107 Hog: Ethnologie und Öffentlichkeit, S. 70.

lichem Ansehen. Sammelten Fürsten und Adlige, um sich einen weltmännischen Anschein zu geben und ihre Macht zu demonstrieren,[108] wetteiferten auch die Völkerkundemuseen um die umfangreichsten und vollständigsten Sammlungen, mit denen dann auch möglichst umfangreiches Wissen einherging. Neben den bereits erwähnten Raritätenkammern bildeten oft auch die Sammlungen von unterschiedlichen Vereinen oder Interessensverbänden den Grundstock für Museumssammlungen.[109]

Bedacht werden muss auch, dass Sachverhalte oder historische Zusammenhänge in Museen tendenziell vereinfacht dargestellt werden (müssen), denn »allein mit Objekten kann nicht komplex argumentiert werden.«[110] Dabei sind Ausstellungen auch immer politisch: Der Auswahl der Themen oder Regionen, Objekte und textlichen Erläuterungen liegen politische Grundwerte und Annahmen zugrunde, die bewusst oder unbewusst das Dargestellte prägen.[111] Dabei wird immer wieder implizit auf eine Echtheit der Dinge, Kulturen und Narrative Bezug genommen, ohne dass diese Kategorie erläutert würde.

2.3 Authentizität – Entwicklung und Bedeutung

Um die Auswirkungen von Echtheitsvorstellungen in ethnologischen Museen zu analysieren, wird im Folgenden zunächst der Begriff der Authentizität beleuchtet, um daraufhin mit dem Begriff verbundene Konzepte aufzuzeigen.

Im Bedeutungsumfeld der Authentizität werden verschiedene andere Begriffe deckungsgleich oder bedeutungsverwandt verwendet. Wahrheit, Echtheit, Originalität, Faktizität, Tradition und Ritual stehen in engem Bedeutungszusammenhang mit der Vorstellung von Authentizität und lassen sich stellenweise austauschen.[112] Dabei kann sich die diagnostizierte Authentizität auf verschiedene Ebenen einer Person, eines Objekts oder einer Inszenierung beziehen.[113]

Besonders betont werden muss hier das enge Verhältnis von Au-

[108] Hog: Ethnologie und Öffentlichkeit, S. 37.
[109] Hog, Ethnologie und Öffentlichkeit, S. 100.
[110] Burmeister: Der schöne Schein, S. 105.
[111] Vogel: Always True to the Object, S. 200.
[112] Pirker/Rüdiger: Authentizitätsfiktionen, S. 13.
[113] Knaller/Müller: Authentizität, S. 12.

thentizität und Autorität.[114] Die An- oder Aberkennung von Authentizität ist – gleich auf welcher Ebene – immer auch eine Frage nach der Deutungshoheit. Je nach Anwendungsfeld des Begriffs kann hier über Identitäten oder Repräsentationen, aber auch über Rechte und Privilegien verhandelt werden. Die Frage, wer wem oder was eine authentische Darstellung zuspricht, ist immer auch die Frage nach Anerkennung, Privilegien und Ressourcen, die dem Authentischen zugesprochen werden.

Um das Publikum eines Museums zu überzeugen, musste die Vorstellung von echten Inhalten, die dort ausgestellt und gelernt werden können, erfolgreich kommuniziert werden. Dabei war zunächst einmal von Bedeutung, ob die Besuchenden das Narrativ der Ausstellung oder des Museums für überzeugend halten und damit auch, ob sie den Belegen in Form von Objekten Glauben schenkten. Für eine erfolgreiche Inszenierung von Authentizität – im Museum oder an anderer Stelle – müssen vor allem die Vorstellungen von Produzierenden und Rezipierenden möglichst deckungsgleich werden.[115] Dabei wird zwangsweise auf gesellschaftlich verhandeltes Vorwissen und vorher existierende Stereotypen und Bilder rekurriert, um innerhalb eines gemeinsamen Rahmens möglichst überzeugende Authentizitätsfiktionen zu erzeugen. Im Zuge dieser Fiktion spielt der »Effekt des Authentischen« eine deutlich größere Rolle, als eine mögliche Authentizität selbst.[116] Unter Rückgriff auf gemeinsame Bilder und Vorstellungen können so also Inhalte mit einer Glaubwürdigkeit und Verlässlichkeit versehen und damit leichter vermittelt werden. Was Lethen »als Kriterium zur Unterscheidung verschiedener Grade der Künstlichkeit«[117] bezeichnet, ist allerdings weitaus mehr: Authentizität dient dazu, glaubwürdige von unzuverlässigen Darstellungen zu unterscheiden und ist damit auch ein zentraler Bestandteil historischer Darstellungen. An die Konstruiertheit jeder Echtheitsvorstellung anschließend müssen auch die wertenden Kategorien des Originals und der Fälschung immer als Ausdruck

[114] Henje Richter: »Ich weiß zwar, dass es kein Original sein muss, aber dennoch…« Fetischistische Grundlagen der Authentizität musealer Objekte, in: Eva Ulrike Pirker/Mark Rüdiger: Echte Geschichte. Authentizitätsfiktionen in populären Geschichtskulturen, Bielefeld 2010, S. 47–59, hier: S. 49 / Burmeister: Der schöne Schein, S. 99.

[115] Pirker/Rüdiger: Authentizitätsfiktionen, S. 21.

[116] Lethen: Versionen, S. 209.

[117] Ebd.

jeweils zu einem bestimmten Zeitpunkt und in einem bestimmten Kontext geltender Authentizitätskonstruktionen verstanden werden.

Authentisch wurde zunächst im Griechischen »im Sinne eines Verbürgten, das ›als Original befunden‹ wird«[118] verwendet und kennzeichnete hier bereits gesicherte Urheberschaft und Glaubwürdigkeit. Im deutschsprachigen Raum lässt sich authentisch ab dem 16. Jahrhundert im Sinne von anerkannt, rechtmäßig, verbindlich finden.[119] In dieser ersten Begriffsdeutung wird Authentizität also bereits als eine Zuschreibung verstanden, eine Eigenschaft, die durch gesellschaftliche Aushandlungsprozesse zugeordnet und anerkannt werden kann. Darauf aufbauend dominierte dann im 17. und 18. Jahrhundert die Verwendung von authentisch im Sinne von »autorisiert«, also von einer höheren Instanz abgesegnet oder bevollmächtigt.[120]

In der Geschichtswissenschaft findet das Konzept der Authentizität seit dem 18. Jahrhundert Anwendung.[121] Zunächst wurde vor allem in kunstgeschichtlichen Fragen über die Echtheit von Werken verhandelt, wobei dann Echtheit vor allem mit verbürgter Autorenschaft oder der uneingeschränkten Umsetzung gesellschaftlich anerkannter Kunststile gleichgesetzt wurde. Wie sehr das Konzept der Authentizität gesellschaftlichen Aushandlungen unterlag, wird auch daran deutlich, dass im anfänglichen Diskurs darum zunächst verschiedene verwandte Begriffe teilweise deckungsgleich, teilweise in Abgrenzung zur Echtheit diskutiert wurden.[122] Authentizität diente und dient in der Geschichtswissenschaft zunächst vor allem der Echtheitsbestimmung historischer Quellen und damit weiterhin der Legitimation eigener Narrative geschichtswissenschaftlicher Untersuchungen.

Ab dem 20. Jahrhundert lässt sich eine Bedeutungsverschiebung für den Begriff der Authentizität feststellen. Dabei wurde die vorherige Bedeutung von »anerkannt, verbindlich« nicht unbedingt ersetzt, aber um Konnotationen im Sinne von »wahrhaftig, eigentlich« erweitert.[123] Zum häufig verwendeten Schlagwort entwickelte sich die Authentizität

118 Saupe: Authentizität, Version: 2.0, S. 1.

119 Susanne Knaller: Genealogie des ästhetischen Authentizitätsbegriffs, in: Dies./Harro Müller (Hrsg): Authentizität. Diskussion eines ästhetischen Begriffs, München 2006, S. 17–35, hier S. 18.

120 Saupe: Authentizität, Version: 2.0, S. 10.

121 Pirker/Rüdiger: Authentiztitätsfiktionen, S. 15.

122 Knaller: Genealogie, S. 26.

123 Richter: »Ich weiß …«, S. 49.

erst gegen Mitte des 20. Jahrhunderts, als infolge instabilerer und veränderlicher gesellschaftlicher Zustände sowie weitreichender technischer Neuerungen die »Selbstfindungsprozesse der Moderne« das Bedürfnis nach vermeintlich sicherer Echtheit und damit die Diskussion um authentische Identitäten breites Interesse weckten.[124]

»Ein sicheres Kriterium zur Orientierung ist Authentizität offenbar nicht.«[125] Echtheit im (ethnologischen) Museum

Anders als zum Beispiel für surrealistische Künstler der 1920er-Jahre, stellten Ethnografika im Völkerkundemuseum keine ästhetische Inspirationsquelle dar, sondern sollten Informationen über weit entfernte Weltregionen und ihre Gesellschaften liefern. Museen allgemein und Völkerkundemuseen im Besonderen zeichnen sich grundsätzlich dadurch aus, dass sie Exponate ausstellen. Diese werden meist in Sammlungen nach unterschiedlichsten Gesichtspunkten zusammengefasst.[126] Allerdings ist diesen Exponaten eine Grundvoraussetzung gemeinsam: Es müssen Originale sein. Echte Objekte, die »wirklich« etwas zeigen können, an denen tatsächlich etwas Echtes gelernt werden kann. Diese echten Objekte bilden den konstituierenden Grundstein eines jeden Museums und garantieren den Besuchenden eine authentische Erfahrung oder Wissen. Mit der Echtheit der Objekte geht auch ihre Autorität einher, über unbekannte Zeiten, Regionen oder Kulturen Auskunft zu geben und damit wahres Wissen quasi aus erster Hand zu vermitteln.[127] Während die zugeschriebene Authentizität in anderen Museumsarten dazu dient, Kunst von Nicht-Kunst zu unterscheiden, kann für Völkerkundemuseen eine Trennung in repräsentativ oder nicht-repräsentativ für bestimmte Kulturen anhand der Einordnung als authentisch oder nicht authentisch gezogen werden.

Museen eignen sich also besonders, um die Wirkungsmechanismen von Authentizitätsvorstellungen zu analysieren – gelten sie doch als

[124] Knaller/Müller: Authentizität, S. 7f.

[125] Lethen: Versionen, S. 227.

[126] Zum Begriff der Sammlung dient hier die sehr allgemeine Definition von Pomian: »Eine Sammlung ist jede Zusammenstellung natürlicher oder künstlicher Gegenstände, die zeitweise oder endgültig aus dem Kreislauf ökonomischer Aktivitäten herausgehalten werden, und zwar in einem abgeschlossenen, eigens zu diesem Zweck eingerichteten Ort, an dem die Gegenstände ausgestellt werden und angesehen werden können.«, Krzysztof Pomian: Der Ursprung des Museums. Vom Sammeln, Berlin 1987.

[127] Burmeister: Der schöne Schein, S. 99.

»Hüter authentischer Dinge«[128], die diesen Ruf verteidigen, bestätigen oder zumindest erklären müssen.

Dabei stellte sich nicht nur in Völkerkundemuseen des frühen 20. Jahrhunderts die Frage danach, welche Exponate ausgestellt werden sollten und welche dazu nicht geeignet waren. Kunstmuseen waren auf ähnliche Weise mit der Frage nach Kunst oder Nicht-Kunst konfrontiert, wie Völkerkundemuseen ihre Objekte als für eine Kultur repräsentativ oder ungeeignet einordnen mussten.[129]

Dabei ist den Objekten eine Autorität über Deutungsmuster nicht automatisch eingeschrieben. Sie bringen keine immanente Bedeutung mit, sondern werden in eine bedeutungsvolle Erzählstruktur der Ausstellung eingebunden.[130] Das Bedürfnis danach wird an sie herangetragen und mit der Erwartung nach einer glaubhaften Erkenntnis verbunden.[131] Im musealen Kontext verstärkt die Inszenierung der Exponate die Glaubwürdigkeit dieser »Expertise« der Objekte noch. Essenziell ist dabei, dass das inszenierte Narrativ der Kuratierenden nicht unmittelbar sichtbar ist. Die Vermitteltheit der gesehenen Ausstellung wird ausgeblendet (und von Seiten des Museums nicht unbedingt aufgezeigt), sodass als Bürgen für die entstandenen Eindrücke und das erlangte Wissen die Objekte bestehen bleiben. Deren bereits angesprochene Autorität wiederum suggeriert damit eine vermeintliche Wahrheit, die bereits durch ihre Existenz belegt wird.

> »The importance of this point cannot be overstated – *authenticity is not a property of indigenous cultures, but a value attributed to them out of the concerns of European modernity.*«[132]

Für die Inszenierung von Objekten ist vor allem eine Bedeutungsfacette der Authentizität zentral: Die Exponate müssen »der Realität/Moral bzw. den Traditionen gemäß« sein.[133] Im Völkerkundemuseum können

128 Lethen: Versionen, S. 227.

129 Dinge, die in die Kategorie »Primitive Kunst« fielen, stellten hier eine Mischform dar und wurden, je nach Betrachtenden, teils in das eine, teils in das andere Bewertungsschema einsortiert. Siehe dazu u.a. H. Gene Blocker: The Aesthetics of Primitive Art, Lanham 1994; Hans-Jürgen Heinrichs: Wilde Künstler. Über Primitivismus, Art Brut und die Trugbilder der Identität, Hamburg 1995; August Wiedmann: The German Quest for Primal Origins in Art, Culture and Politics 1900–1933. Die »Flucht in Urzustände«, Lewiston 1995.

130 Crew/Sims: Locating Authenticity, S. 162.

131 Burmeister: Der schöne Schein, S. 99.

132 Bell: Relating Indigenous and Settler Identities, S. 26.

133 Knaller: Genealogie, S. 19.

diese angeblich eingehaltenen Traditionen durch die Besuchenden nicht überprüft werden – unabhängig davon, ob sie diesen Aufwand betreiben wollten oder nicht. Zu Beginn des 20. Jahrhunderts wurden die Exponate durch den Museumsdirektor nach Kriterien ausgewählt, die nicht kommuniziert wurden. So musste das Publikum dem Museum glauben, dass die ausgestellten Dinge repräsentativ für eine bestimmte Kultur oder Region waren.[134] Entsprechend ist die Glaubwürdigkeit der musealen Inszenierung von zentraler Bedeutung. Das Museum und die Ausstellung sind darauf angewiesen, den Betrachtenden glaubhaft zu versichern, die kulturelle Echtheit der Exponate sei durch verschiedene Autoritäten verbürgt. Dabei können diese Bürgen verschiedene Positionen innehaben: Autorinnen und Autoren, deren Zugehörigkeit zur ausgestellten Gruppe betont wird; Expertinnen und Experten, die durch wissenschaftliche Referenzen zu solchen werden, oder auch museumseigene Fachleute, die die Echtheit der ausgestellten Objekte bezeugen.

Die Vorstellung, »ursprüngliche« Kulturen müssten vor dem vermeintlichen Untergang infolge europäischer Einflüsse »gerettet« werden, resultierte auch aus einem Bedürfnis nach authentischen Identitäten. Die in der Moderne so fragil gewordene Authentizität schien in der Vergangenheit selbstverständlich gewesen zu sein[135] und um die Menschheitsgeschichte in ihrer Gesamtentwicklung bewahren und aufzeigen zu können, sollten diese vermeintlich ursprünglichen Kulturen zumindest für die Wissenschaft bewahrt werden. Folgte man der Vorstellung unterschiedlicher Entwicklungsstufen auf dem Weg zur Zivilisation – mit der europäischen Gesellschaft als bisher höchster Stufe – resultierte daraus quasi die Verpflichtung, die noch vorhandenen, vermeintlich primitiveren Kulturen in ihrer Authentizität zu sammeln und zu bewahren, um den vollkommenen Verlust an authentischen Gesellschaften aufzuhalten oder zumindest zu verlangsamen. So nahm auch der Hamburger Direktor Thilenius an, Kontakte mit »der europäischen Kultur« würden zwar als Entwicklungsmotor für außereuropäische Gesellschaften dienen, dadurch aber gleichzeitig den Verfall der »Ursprungskultur« beschleunigen – ein Prozess, dem es durch umfangreiche Sammlungen entgegenzuwirken galt.[136] Zugrunde lag diesem Konzept unter anderem die Einteilung von Völkern in Kul-

[134] Laukötter: Von der »Kultur«, S. 183.
[135] Bell: Relating Indigenous and Settler Identities, S. 27.
[136] Laukötter: Von der »Kultur«, S. 81.

tur- und Naturvölker sowie entsprechend deren materielle Erzeugnisse in Hoch- und Volkskulturen.[137] Thilenius selbst ging dabei von einer stufenweisen Entwicklung aus, die durchaus auch die Vermischung von Eigenschaften beider Kategorien beinhalten konnte.[138] Gleichzeitig wurden die Identifizierungsangebote, die das Völkerkundemuseum machen konnte, zunehmend von einem breiteren, auch bürgerlichen Publikum genutzt und entfalteten so ihre Wirkungsmacht über weitere Teile der Gesellschaft.

Obwohl die Begriffe authentisch, echt und original nicht immer bedeutungsgleich verwendet werden können, muss im Folgenden nicht weiter unterschieden werden. Die authentische Darstellung »exotischer« Kulturen hing essentiell von echten Objekten und originalen Gegenständen ab, so dass in Bezug auf die hier im Zentrum stehenden Dinge keine weitere Unterscheidung gemacht wird.

[137] Beckert: Die Kultur, S. 146.
[138] Thilenius: Das hamburgische Museum, S. 23.

3 Die Faszination der Objekte

Auf der Basis kolonialer Grundannahmen bildeten Völkerkundemuseen einen eigenen Ort des Wahrnehmens der Welt, in dessen Mittelpunkt die gesammelten Objekte standen, deren Hauptaufgabe die authentische Repräsentation ihrer Herkunftskultur war und die auf Sammelnde, Mitarbeitende und Publikum gleichermaßen faszinierend wirkten.

Die Bedeutung von Objekten hängt entscheidend von der jeweiligen Wahrnehmungssituation ab. Unabhängig von ihrer jeweiligen Umgebung sind materielle Dinge »ein fundamentaler Bereich der gesellschaftlichen Lebenswelt« und spielen eine wichtige Rolle in der Identitätsbildung sowie der Konstitution ganzer Gesellschaften.[139] (Völkerkunde-)Museen stellen dabei noch einmal einen ganz besonderen Ort der Wahrnehmung mit eigenen Bedingungen dar. Die außeralltägliche Wahrnehmungssituation des Museums wird durch die Präsentation der Objekte noch verstärkt: Abgedunkelte Räume, besondere Beleuchtung, Stille und damit eine Abgrenzung von der Außenwelt lassen die Ausstellungen zu einem besonderen Erlebnisort werden. Dadurch, dass die Außenwelt ausgeblendet wird, sind die Besuchenden unmittelbar mit den Objekten konfrontiert, sie können deren Materialität nicht ignorieren. Wie auch in der religiösen Reliquienverehrung war die Faszination für exotische Objekte um die Jahrhundertwende allerdings keine reine Dingverehrung, sondern gleichzeitig Ausdruck eines Konzepts kolonialer Welteinteilung und –erforschung.[140] Entsprechend genügte auch dem Publikum bald nicht mehr die reine Besichtigung von Objekten, es sollten auch Forschungsergebnisse und Zusammenhänge anhand der ausgestellten Stücke verdeutlicht werden. Dieser Anspruch entsprach einer allgemeinen Entwicklung, die die Wissenschaften im 19. und noch im beginnenden 20. Jahrhundert unter einen gewissen Rechtfertigungsdruck setzte: Vormals exklusives Wissen über die gewonnenen Erkenntnisse sollte breiteren Teilen der Bevölkerung zugänglich und verständlich gemacht werden, wenn möglich auch mithilfe neuartiger Vermittlungstechniken wie Lichtinstallationen oder speziell gefertigten Schaukästen mit

[139] Hahn: Materielle Kultur, S. 7.
[140] Laube: Von der Reliquie, S. 9.

großen Glasflächen.[141] Die Kuratoren und Wissenschaftler nahmen im Zuge dieser Entwicklung immer mehr die Rolle der »Vordenker« ein, die Material und Erläuterungen arrangierten und inszenierten um so den Betrachtenden einen möglichst großen Erkenntnisgewinn zu ermöglichen.[142] Dabei behielten die authentischen Dinge ihre zentrale Bedeutung: Museumsdirektor Thilenius stellte diese in seinen Ausführungen zum Aufbau der Schausammlung in den Mittelpunkt und hielt Nachbildungen nur für vertretbar, wenn die Originale aufgrund finanzieller Einschränkungen oder anderer Schwierigkeiten auf keinem Weg zu beschaffen waren.[143] Laukötter fasst dazu zusammen: »Im Zentrum der Sammeltätigkeit der Völkerkundemuseen dieser Zeit stand das Objekt.«[144] Dabei war auch die materielle Beschaffenheit der Originale von Bedeutung. Bereits im 18. Jahrhundert wurde der Begriff des »Materials« als Unterkategorie der Materie für alle Arten von Grundstoffen verwendet, die dann mithilfe von geistiger oder handwerklicher Arbeit zu Objekten geformt werden konnten.[145] Implizit war dabei eine Bedeutung des Materials über seine bloße körperliche Beschaffenheit hinaus angedeutet.

Die ungebrochene Faszination, die echte Objekte dabei ausübten, findet sich in ähnlicher Form im Konzept der Objektaura von Walter Benjamin wieder. Benjamin geht davon aus, dass ausschließlich Originale aufgrund ihrer besonderen Aura eine emotionale Reaktion bei den Betrachtenden auslösen, die Repliken nicht hervorrufen können. Auch Fotografien oder Abbildungen könnten nicht die Wirkung haben, die Gegenstände auslösen. Dabei bleibt das Aura-Konzept allerdings hinter den speziellen Sehbedingungen des Museums zurück, die »Verzauberung«, die eine stimmungsvolle Inszenierung auslösen kann, lässt sich mithilfe der objektzentrierten Aura nicht erschöp-

141 Angela Schwarz: Bilden, überzeugen, unterhalten. Wissenschaftspopularisierung und Wissenskultur im 19. Jahrhundert, in: Carsten Kretschman (Hrsg.): Wissenspopularisierung. Konzepte der Wissensverbreitung im Wandel, (Wissenskultur und gesellschaftlicher Wandel Bd. 4), Berlin 2003, S. 221–234, hier S. 222.

142 Laak: Über alles in der Welt, S. 25.

143 Thilenius: Das hamburgische Museum, S. 71.

144 Anja Laukötter: Gefühle im Feld. Die »Sammelwut« der Anthropologen in Bezug auf Körperteile und das Konzept »Rasse« um die Jahrhundertwende, in: Stoecker/Schnalke/Winkelmann: Sammeln, S. 24–44, hier: S. 26.

145 Monika Wagner: Eine Einleitung, in: Dies./Dietmar Rübel (Hrsg.): Material in Kunst und Alltag, (Hamburger Forschungen zur Kunstgeschichte. Studien, Theorien, Quellen I), Berlin 2002, S.VII-IX, hier: S. VII.

fend erklären.[146] An dieser Stelle können tatsächliche Reaktionen auf echte Objekte jedoch nicht der zentrale Maßstab sein. Relevant ist vor allem, dass sowohl Sammelnde als auch Ausstellende und Besuchende der Vorstellung eines echten Dings eine hohe Bedeutung beimaßen und so die Aura der echten Dinge zu einer eigenen Authentizitätsfiktion wurde, deren Existenz bei allen beteiligten Gruppen Konsens war.

Darüber hinaus erhalten die Objekte auch durch die Ausstellungsweise etwas Geheimnisvolles und Mystisches. Meist sind sie in Vitrinen ausgestellt, zum Greifen nah und auf Ewigkeit zur Ansicht hinter Glas, gleichzeitig aber unerreichbar und zu kostbar, zu einzigartig, um den Händen der Besuchenden anvertraut zu werden. Auch eine Aura im benjaminschen Sinn entsteht vor allem durch den Abstand zum auratischen Objekt,[147] die wortwörtliche Unnahbarkeit lässt es im Ansehen der Betrachtenden steigen. »Wonder is an experiential goal that has provided grounds for the display of objects from the Renaissance through the contemporary period.«[148] Ohne unbedingt Missbildungen, erschreckende Tiere oder besonders abstoßende Bilder zeigen zu müssen, kann die inszenierte Faszination der Objekte bei den Besuchenden ein Staunen auslösen. So schrieb beispielsweise das Hamburger Fremdenblatt zur Eröffnung der »Allgemeinen Abteilung« des Völkerkundemuseums an der Rothenbaumchaussee: »In dieser Abteilung wird der Besucher nämlich mit dem eigentlichen Zweck, dem tieferen Sinn des Sammelns von Gegenständen zur Völkerkunde bekanntgemacht.«[149] Dabei sollte diese Abteilung die Methoden und Techniken der ethnologischen Forschung für die Besuchenden verdeutlichen, um so die Grundlagen dieser Wissenschaft offen zu legen. Neben der ästhetischen Faszination hatten die gesammelten Objekte also noch eine tiefere Anziehungskraft, die Besuchende wie Angehörige unterschiedlicher Wissenschaften in ihren Bann zog. Für eine uneingeschränkte Faszination der Objekte spricht auch die Bezeichnung, die Thilenius in seinen Ausführungen zu »Methoden und Probleme[n] der Völkerkunde« wählt:

146 Burmeister: Der schöne Schein, S. 102f.

147 Burmeister: Der schöne Schein, S. 104.

148 Ivan Karp: Culture and Representation, In: Steven D. Lavine/Ders.: Exhibiting Cultures, S. 11–25, hier: S. 17.

149 Hamburger Fremdenblatt, 11. November 1916, zitiert nach: Laukötter: Von der »Rasse«, S. 229.

Die gesammelten Stücke werden hier als »Denkmäler« betitelt.[150] Nicht nur verdeutlicht diese Bezeichnung die Repräsentationsfunktion der Objekte – als Denkmäler besteht ihre Aufgabe darin, in kleinerer Form an etwas Größeres zu erinnern und es zu vergegenwärtigen. Darüber hinaus spiegelt diese Wortwahl auch eine Wertschätzung und Anziehungskraft wider, die den langjährigen Direktor mit den Sammlungen verband und auch seinen Zeitgenossen eigen war. Dabei waren die Akte des Sammelns, Besitzens und Ausstellens immer auch mit Emotionen verbunden, die jenseits eines rationalisierenden wissenschaftlichen Interesses Reaktionen hervorriefen.[151] Bevor die ausgestellten Dinge als materielle Gegenstände gedacht wurden, riefen sie also zunächst eine emotionale Reaktion hervor.[152]

Durch den Eintritt in die Museumssammlung werden alle vorherigen Bedeutungen, die dem Objekt in anderen Kontexten gegeben wurden, gelöscht; das heißt, sie werden nicht mehr abgebildet und können auch nicht wahrgenommen werden.[153] Auch die Anforderungen, die in diesem neuen Kontext an die Objekte als Exponate gestellt werden und wurden, sind ganz andere, als ehemalige Kontexte sie erforderten[154] (explizit als Kunst hergestellte Objekte können hier eine Ausnahme bilden). Der sogenannte »Museumseffekt«[155] isoliert damit die Objekte von ihrem Herkunftskontext und ehemaligen Bedeutungsebenen und lässt sie zu Objekten einer anderen Gesellschaft mit einer neuen Funktion werden. Und doch legten gerade Völkerkundemuseen großen Wert auf diese Herkunftsechtheit der Dinge – ein Dilemma, das mithilfe unterschiedlicher Sammlungs- und Ausstellungsstrategien behoben werden sollte. Eine eindeutige Zuordnungsmöglichkeit steigerte entsprechend den Wert der gesammelten Dinge. In seiner Antwort auf eine Anfrage über die Bestände des Hamburger Museums 1911 erläuterte der Direktor:

150 Thilenius: Das hamburgische Museum, S. 32ff.

151 Laukötter: Gefühle, S. 27f.

152 Zu diesem an Benjamin angelehnten Mechanismus s. Hahn: Materielle Kultur, S. 30f.

153 Hahn: Materielle Kultur, S. 42.

154 Burmeister: Der schöne Schein, S. 104.

155 Svetlana Alpers: The Museum as a Way of Seeing, In: Karp/Lavine: Exhibiting Cultures, S. 25–32, hier S. 27.

»Durch die sehr genauen Ortsbestimmungen ist gerade die letztere [von den Karolinen und Marshall-Inseln] Sammlung von höchstem Werte und wird an Bedeutung in Zukunft noch zunehmen.«[156]

In ihrer neuen Museumsumgebung wurden die ehemaligen religiösen und zeremoniellen sowie Alltagsgegenstände dann zu Kultobjekten, die im Museumskontext keine praktische Anwendung mehr hatten und mithilfe der Ausstellung in »einer besonders markierten und damit öffentlichkeitswirksamen Sphäre wahrgenommen«[157] wurden – sie erhielten beinahe etwas Magisches.

Welchen Wert Direktor Thilenius von Beginn an auf die Vergrößerung der Sammlungen legte, wird auch in seiner rückblickenden Schilderung der Geschichte der Institution 1916 deutlich, als er die Aufbewahrungssituation der bisherigen Sammlungen schildert: »Neue Erwerbungen in dem überfüllten Galeriegeschoß des Naturhistorischen Museums unterzubringen, wo die alte Sammlung ausgestellt blieb, war freilich ausgeschlossen.«[158] Anstatt die vorher angehäuften Objekte zu sortieren und zu klassifizieren oder auf die Raumknappheit mit einer Sammlungspause zu reagieren, nutzte Thilenius weitere Gebäude in der Hamburger Innenstadt als Magazine und lagerte weitere Sammlungsstücke dort ein. So stand die Anhäufung der Dinge im Fokus von Thilenius' ersten Amtshandlungen.[159] Schon sein kommissarischer Vorgänger Karl Hagen nahm »ohne Rücksicht auf die räumlichen Verhältnisse« große Objekte als Geschenke an und vergrößerte die Sammlung so weit wie möglich.[160] Dabei ist nach wie vor unklar, was genau die ethnologische Sammlung der Stadtbibliothek als Vorläufer der Museumssammlung enthielt und wie umfangreich das dort bereits vorhandene Material vor 1879 gewesen war.[161]

Über den wissenschaftlichen Diskurs zur Echtheit eines Objekts hinaus blieb eine Faszination für die Objekte an sich bestehen. Bereits

[156] Georg Thilenius an Rat Dr. Förster, 24. November 1911, in: MV 101–1, Nr. 1614.

[157] Laube: Von der Reliquie, S. 9.

[158] Thilenius: Das Hamburgische Museum, S. 13.

[159] Wie sich der Platzmangel auf die Verwendung der Stücke auswirkte wird auch daran deutlich, dass viele gesammelte Dinge von der Südsee-Expedition 1908–1910 im Jahr 2003 erstmals überhaupt ausgestellt wurden. Vgl. Wulf Köpke: Einleitung, in: Ders./Bernd Schmelz (Hrsg.): Hamburg-Südsee. Expedition ins Paradies, (Mitteilungen aus dem Museum für Völkerkunde Hamburg, NF Bd. 33), Hamburg 2003, S. 7–9, hier S. 7.

[160] Zwernemann: Die ersten 112 Jahre, S. 56.

[161] Zwernemann: Die ersten 112 Jahre, S. 2.

die »Bekanntmachung, betreffend Bestimmungen für die Verwaltung des Museums für Völkerkunde«, welche als Gründungsdokument des Hamburger Museums gilt, stellte eindeutig die Sammlung von Objekten in den Mittelpunkt:

> »Das Museum für Völkerkunde als wissenschaftliche Anstalt hat den Zweck, Geräthe, Kleidungsstücke, Waffen und andere Gegenstände, welche auf die Cultur der fremdländischen Völker Bezug haben, zu sammeln.«[162]

Auch hier spielte es eine Rolle, wie gut ein Objekt oder eine ganze Sammlung vermeintlich geeignet waren, eine bestimmte Zielkultur zu repräsentieren und verständlich zu machen. Doch das Streben früher Ethnologen und Museen ging über den Wunsch nach Repräsentation hinaus, Konvolute von Objekten zu besitzen hieß oft auch »die Region besitzen«. Entsprechend waren die Sammlungen regelhaft um vieles größer, als es der Ausstellungsbetrieb erforderte. Und auch die wissenschaftlichen Studien – meist explizit von den Schausammlungen getrennt – konnten kaum die angehäuften Objekte in ihrer Gesamtheit untersuchen. Trotzdem war der reine Besitz der Objekte nicht nur für die Reputation der Institute von Bedeutung: Besonders bei Georg Thilenius wird deutlich, dass der Besitz der Dinge auch jenseits von wissenschaftlichen oder wirtschaftlichen Überlegungen einen immensen Stellenwert hatte. Dabei unterschied er sehr genau, welche Stücke sich für die Schausammlung »für die Belehrung des Laien« eigneten und welche aus unterschiedlichsten Gründen der Wissenschaft vorbehalten bleiben sollten.[163]

Bereits im Mittelalter sowie in der Frühen Neuzeit wurde gesammelt, zunächst meist von kirchlicher oder königlicher bzw. staatlicher Seite, wobei die Sammeltätigkeiten vor allem auf das Außergewöhnliche, Fremde oder Unbekannte fokussiert waren. Schon zu diesem Zeitpunkt waren die Sammlungsbestrebungen durch den aufkommenden Fernhandel, den Kontakt zu überseeischen Besitzungen und koloniale Träume geprägt.[164] Die unter diesen Bedingungen zusammengestellten Kuriositätenkammern wurden allerdings nicht nur von Adeligen ange-

162 Regulativ Nr. 24, 29. April 1879: »Bekanntmachung, betreffend Bestimmungen für die Verwaltung des Museums für Völkerkunde«, § 1, in: Jürgen Zwernemann: Hundert Jahre. Hamburgisches Museum für Völkerkunde, Hamburg 1980, S. 109–111, hier: S. 109.

163 Thilenius: Das hamburgische Museum, S. 62f.

164 Paula Findlen: Early Modern Things. Objects in Motion, in: Dies. (Hrsg.): Early

legt; auch Gelehrte und wohlhabende Bürger profilierten sich, indem sie außergewöhnliche Gegenstände sammelten und für Besichtigungen zur Verfügung stellten.[165] Als eine der ältesten Kunst- und Naturalienkammern gilt die Sammlung in der Residenz der sächsischen Kurfürsten in Dresden, die 1560 von August I. (1526–1586) gegründet wurde.[166] Dabei unterschieden sich die Sammlungen weltlicher und kirchlicher Herrscher vor allem durch die Anzahl sakraler (oder zumindest so bezeichneter) Gegenstände.[167] Die Sammlungen in Kunst- oder Wunderkammern unterlagen also deutlich anderen Kriterien als spätere Sammlungen im Namen der Wissenschaft. Die Sammelnden wollten dort vor allem Kuriositäten zusammentragen, die nicht unbedingt gemeinsamen Kategorien unterlagen.[168] Nichtsdestotrotz war die Anhäufung von Wissen über Regionen und Menschen jenseits von Europa bereits seit dem 15. Jahrhundert ein wichtiger Bestandteil der europäischen Expansion.[169] So entstanden sehr gemischte und auch untereinander kaum einheitliche Zusammenstellungen von Objekten, die sich durch ihre eigene Zielsetzung sehr von den späteren Sammlungen der (Völkerkunde)Museen unterschieden. Zwar gab es ab dem 16. Jahrhundert durchaus Ansätze einer Methodologie des Sammelns und einer Vereinheitlichung der jeweiligen Ausstellungen, ein Großteil der europäischen Sammeltätigkeit war jedoch bis in das 18. Jahrhundert hinein vor allem auf exotische, wunderliche und unbekannte Objekte (und Körperteile) ausgerichtet.[170] Damit erstreckte sich das Sammelinteresse neben den materiellen Produkten der Gesellschaften auch auf ihre Mitglieder selbst.

Die Bewohnenden der »Neuen Welt« wurden als verbliebene Relikte einer vergangenen Zeit verstanden, deren Zivilisationsstatus ein längst vergangenes Entwicklungsstadium europäischer Gesellschaften darstellte. Entgegen den Ansichten der Aufklärung bedeutete vor allem für Anhänger der Romantik des 19. Jahrhunderts der Verlust von Traditionen auch den Verlust von Authentizität und damit Identität.[171]

Modern Things. Objects and their Histories, 1500–1800, London 2013, S. 1–28, hier: S. 5.

165 Hog: Ethnologie und Öffentlichkeit, S. 33.

166 Hog: Ethnologie und Öffentlichkeit, S. 32.

167 Hog: Ethnologie und Öffentlichkeit, S. 29.

168 Zu genauem Inhalt und Ordnung der Kunstkammern siehe Bujok: Neue Welten, hier v.a. S. 57ff.

169 Ruppenthal: Kolonialismus, S. 9.

170 Hog: Ethnologie und Öffentlichkeit, S. 33.

171 Bell: Relating Indigenous and Settler Identities, S. 29.

Mit der Schaffung eines »anderen« Gegenübers wurde auch die eigene Identität gestärkt, »eine so radikale wie einfache Geste, mit der die europäische Avantgarde den Zerfallsprozess der Moderne durch Rückgriffe auf fremde, homogen erscheinende Kulturen aufzufangen oder zu beschleunigen versuchte.«[172]

Hedwig Röckelein zeigt in ihrer Studie zur Reliquientranslation nach Sachsen im 9. Jahrhundert auf, dass eine Herkunftsauthentizität schon für mittelalterliche Reliquien relevant war: Reliquien, die aus Rom stammten, genossen aufgrund ihrer vermeintlichen Nähe zum apostolischen Stuhl und ihrer Herkunft von Märtyrern eine höhere Beliebtheit, als die Überreste gallischer oder germanischer Heiliger.[173] Damit war auch hier die geographische Herkunft der Objekte bereits ein erster Anhaltspunkt für ihre zuverlässige Echtheit, und eine gesicherte Herkunft wurde mit einer höheren Heilskraft gleichgesetzt, wie auch den musealen Objekten bei einer sicheren Herkunftsbestimmung die echte Repräsentation ihrer Kultur zugesprochen wurde. Interessant ist an dieser Stelle, dass Thilenius in seiner zentralen Publikation über das Hamburger Museum für Völkerkunde durchaus darauf einging, wie beschränkt materielle Dinge überhaupt nur Kultur darstellen könnten:

> »da ihm [dem Museum] immer nur Denkmäler zur Veranschaulichung dienen, auch da, wo es sich etwa um religiöse oder gesellschaftliche Zustände handelt. Es kann nicht die Erscheinungen selbst, sondern nur den stofflichen Ausdruck, den sie gefunden haben, zeigen.«[174]

Wissenschaftstheoretisch gesehen bedeuteten diese Überlegungen in Thilenius' Augen einen Widerspruch zwischen der Völkerkunde und dem völkerkundlichen Museum, indem die erstere die »gesamte Kultur« unter Einbezug religiöser und gesellschaftlicher Aspekte zu untersuchen hatte, das letztere aber wiederum lediglich deren materiellen Ausdruck ausstellen konnte. In der Praxis allerdings stellte das Völkerkundemuseum sehr wohl »Kulturen«, »Völker« oder »Regionen« aus und beschränkte sich dabei weder in interner noch externer Kommunikation auf die materiellen Dinge derselben. Die den ausgestellten Gesellschaften und Regionen zugeschriebene Authentizität lässt sich ent-

172 Lethen: Versionen, S. 224.

173 Hedwig Röckelein: Reliquientranslation nach Sachsen im 9. Jahrhundert. Über Kommunikation, Mobilität und Öffentlichkeit im Frühmittelalter, (Beihefte der Francia, Bd. 48), Stuttgart 2002, S. 137.

174 Thilenius: Das hamburgische Museum, S. 62.

sprechend als eine Fiktion betrachten, die erfolgreich vermittelt wurde. Dem Bedürfnis nach echten Dingen, die diese Fiktion möglichst glaubhaft vermitteln können, tat diese Annahme keinen Abbruch. Mithilfe möglichst vieler Gegenstände versuchte das Museum entsprechend, diesen Widerspruch auszugleichen und anhand der über-materiellen Eigenschaften der Dinge doch noch dem Anspruch der Wissenschaft so nah wie möglich zu kommen. Diese Faszination für die Dinge lässt sich anhand zweier objektzentrierter Konzepte genauer beleuchten. Zum einen bietet die Aura nach Walter Benjamin hier einen Erklärungsansatz. Zum anderen lassen sich entscheidende Parallelen zu mittelalterlichen Praktiken im Zusammenhang mit heiligen Reliquien aufzeigen.

3.1 Echte Objekte und ihre Aura

Repräsentationen können nie mit dem Dargestellten identisch sein, sie bleiben immer ein Abbild, eine Nachahmung und weichen vom Abgebildeten ab.[175] Im Fall der Völkerkundemuseen gilt diese Annahme ganz besonders: Die mithilfe von Objekten konstruierte Erzählung der Kuratoren über fremde Länder und Völker kann nicht ausschließlich das darzustellen versuchen, was die Objekte zeigen oder repräsentieren.

Eine wichtige Aufgabe echter Objekte im frühen Völkerkundemuseum war es außerdem, die intendierte Ausstellung von Authentizität zu verdecken. Die gewollte Kommunikation von Authentizität hätte die Narrative des Museums unglaubwürdig gemacht, die Echtheit wäre durch die zu großen Bemühungen nichtig geworden.[176] Umso intensiver mussten die Bemühungen um glaubwürdige Zeugen in Form von Objekten für die im Museum erzählten Geschichten betrieben werden, um letztendlich eine Authentizität zu vermitteln, deren Inszeniertheit unsichtbar wurde. Indem ethnologische Objekte so »original« wie möglich ausgestellt werden, wird ihnen eine Aussagekraft über die eigene materielle Form hinaus zugeschrieben. Wie akribisch in allen Teilen der Schausammlung des Hamburger Museums darauf geachtet wurde, selbst in Nebenaspekten auch noch Originale auszustellen, wird in Thilenius' Anfrage 1906 an den Veterinär Brenegcke in Swakopmund

[175] Burmeister: Der schöne Schein, S. 100.

[176] Saupe erläutert dieses Phänomen am Beispiel der authentischen Inszenierung von Politiker_innen, Saupe: Authentizität, Version: 2.0, S. 9.

im heutigen Namibia deutlich: Der Direktor bat Brenegcke, unter anderem anthropologisches Material nach Hamburg zu schicken, wenn möglich ganze Skelette, deren genaue ethnische Abstammung bereits mit übermittelt werden sollte, um die eingegangenen Körperteile den richtigen Sammlungen und Ausstellungen zuzuordnen. Darüber hinaus wünschte sich Thilenius auch entsprechend echte Requisiten für die Ausstellung der Knochen:

> »Abgesehen von Schädeln und zugehörigen Skeletteilen des Menschen würde mir ein reinblütiger einheimischer Ochse erwünscht sein, welchen ich mit einer Herero Gruppe aufstellen könnte.«[177]

Nicht nur die ethnologischen Exponate selbst, auch die begleitenden Stücke zur szenischen Inszenierung sollten also von größtmöglicher Echtheit sein und aus den Kolonialgebieten stammen, um so eine noch größere Ehrfurcht vor dem Ausgestellten zu provozieren. Die begleitenden Tiere oder Pflanzen der jeweiligen Objekte bezogen sich darüber hinaus auf idealisierte Vorstellungen eines »Naturparadieses« in den kolonisierten Gebieten. Sie suggerierten eine »ursprüngliche« Lebensweise der ausgestellten Gesellschaften, die vermeintlich im Einklang mit der Natur alle Ressourcen in unerschöpflicher Fülle zur Verfügung hatten.[178]

Die Annahme, authentische Objekte fremder Kulturen könnten ausschließlich in weit von der eigenen Heimat gelegenen Gebieten gefunden und gesammelt werden, implizierte auch einen Zusammenhang zwischen dem bewohnten Gebiet und der Lebensweise der dortigen Menschen. Die Vorstellung einer authentischen Lebensweise, die aus dem Wechselspiel von Menschen und ihrer Umgebung resultierte, widersprach allerdings nicht einer vermeintlichen Hierarchie der Kulturen oder Lebensweisen. Gerade weil es eine natürlich aus dem bewohnten Land erwachsene Lebensweise gebe, die aber eben der westlich-europäischen unterlegen und darum zum Untergang verurteilt sei, schien die Bewahrung von Objekten aus dieser Lebensweise besonders erstrebenswert.[179] Damit die Authentizitätsfiktion der Völkerkundemuseen wirkmächtig werden konnte, war es nicht unbedingt nötig, dass alle Besuchenden tatsächlich von einer besonderen Aura der echten Dinge überzeugt waren. Durch die Betonung der Echtheit

[177] Thilenius an Brenigcke, 1. Mai 1906, in: MV 101–1, Nr. 779

[178] Hall: Der Westen, S. 160.

[179] Bell: Relating Indigenous and Settler Identities, S.27.

durch das Museum einerseits und die dadurch geschürte Annahme, andere glaubten an die unwiderlegbare Echtheit der Dinge, konnte sich die Frage nach Authentizität zu einem sozial wirkmächtigen Konzept entwickeln.[180]

Hier wird ein weiterer Aspekt der musealen Objektinszenierung deutlich: Kulturelle Echtheitserfahrungen können erst durch die museale Inszenierung erreicht werden und sind damit nicht im direkten Kontakt der Besuchenden mit vermeintlich echten Objekten zu finden.[181] In Darstellungen von Geschichte und erzählten Geschichten lassen sich zwei Modi des Authentischen ausmachen: Zum einen kann für die Besuchenden die gezeigte Ausstellung ein authentisches *Erleben* bestimmter Ereignisse oder Verhältnisse bedeuten, zum anderen können die Objekte als solche ein authentisches Zeugnis über Lebensweisen und Bräuche anderer Gesellschaften ablegen.[182] Für die Erfahrungen der Besuchenden im Völkerkundemuseum kann von einer »Erlebnisauthentizität« ausgegangen werden.[183] Pandel beschreibt damit den erlebten Eindruck authentischer Darstellungen als Ergebnis von Zuschreibungsprozessen. Eben diese Prozesse sind besonders dominant in einer Museumsform, die das Unausstellbare auszustellen versucht: ganze Kontinente, Völker, Kulturen oder Lebensweisen in einem Raum oder einer einzigen Vitrine.

Wie Benjamin gingen die Sammelnden und Museumsmitarbeitenden davon aus, dass mit der Reproduktion eines Stücks auch seine Traditionszusammenhänge verloren gingen.[184] Entsprechend hätten Nachbildungen genau diese Traditionen, die im Mittelpunkt der ethnologischen Ausstellung stehen sollten, nicht mehr vermitteln können. Dabei lehnte Thilenius selbst nachgebildete Figurinen für die Ausstellung von Kleidungsstücken oder Ausrüstung nicht grundsätzlich ab, war sich aber sicher, dass sie nicht realitätsnah genug hergestellt werden

180 Richter: »Ich weiß ...«, S. 56.

181 Burmeister: Der schöne Schein, S. 99.

182 Pirker/Rüdiger: Authentizitätsfiktionen, S. 17.

183 Hans-Jürgen Pandel: Authentizität, in: Ulrich Mayer u.a. (Hrsg.): Wörterbuch Geschichtsdidaktik, 2. Aufl., Schwalbach 2009, S. 30–31, zit. nach Burmeister: Der schöne Schein, S. 100.

184 Walter Benjamin: Das Kunstwerk im Zeitalter seiner technischen Reproduzierbarkeit. Erste Fassung, in: Ders.: Gesammelte Schriften, Bd. I.2, (Werkausgabe Edition Suhrkamp, Bd. 2), Frankfurt/M. 1980, S. 431–469, hier: S. 437.

könnten und daher wenig Wert für die »naturgetreue« Ausstellung von Kulturen besaßen.[185]

Hier wird ein weiterer Mechanismus des Sammelns ethnologischer Objekte vor dem Ersten Weltkrieg deutlich: Wie bereits in den Kunstkammern des 16. und 17. Jahrhunderts, befeuerten die eingehenden Objekte das Bedürfnis nach immer weiteren echten Dingen und immer umfangreicheren Sammlungen von Originalen, indem immer wieder neuartige Teile importiert wurden, die aufzeigten, was es noch alles zu sammeln gäbe.[186] Mithilfe der ausgestellten Objekte wurden die frühen Kunstkammern, und anschließend auch die ihnen nachfolgenden Museen, zu Stätten der »Authentizitätsproduktion«: Das Gesehene musste echt sein, die Objekte belegten die Richtigkeit des generierten Wissens.[187] Auch der Mitbegründer der Hamburgischen Wissenschaftlichen Stiftung und spätere Zweite Bürgermeister Werner von Melle (1853–1937),[188] der besonders im Kolonialinstitut eng mit Thilenius zusammen arbeitete, warf rückblickend den früheren Vorstehern des Hamburger Museums vor, nicht rechtzeitig genügend Objekte für das Institut gesammelt und so den wissenschaftlichen Anschluss verpasst zu haben.[189] Während ein Großteil der leitenden Mitarbeiter des Museums im Ersten Weltkrieg zum Kampfeinsatz oder anderweitigem Kriegsdienst eingezogen wurde, blieb Thilenius in Hamburg vor Ort und leitete die Nachrichtenstelle des Hamburger Kolonialinstituts. Mithilfe neuer Mitarbeiter konnte der Direktor auch nach 1914 noch Teile der Sammlungen aufarbeiten und katalogisieren lassen.[190] Ab 1915 lässt sich Anhand der Rechnungen für Ankäufe ein deutlich geringeres Eingangsvolumen erkennen. Einige der Sammelnden konnten aufgrund von Reisebeschränkungen nicht mit ihren Objekten nach Europa zurückkehren. Der Ethnologe Dr. Thurnwald beispielsweise hielt sich zu Kriegsbeginn in Neuguinea auf und geriet dort in britische Kriegsgefangenschaft, was nicht nur den Abtransport seiner Sammlung verhinderte, sondern auch alle zusammengetragenen Dinge in britischen

185 Thilenius: Das hamburgische Museum, S. 111.

186 Bujok: Neue Welten, S. 45.

187 Collet: Die Welt, S. 33.

188 Von Melle war ab 1891 Mitglied der Oberschulbehörde, ab 1900 Mitglied des Hamburger Senats und wurde 1914 zum Zweiten Bürgermeister der Hansestadt gewählt, vgl. »Werner von Melle« von Johannes Gerhardt, in: Ders.: Die Begründer der Hamburgischen Wissenschaftlichen Stiftung, (Mäzene für Wissenschaft, hrsg. von Ekkehard Nümann), Hamburg 2007 , S. 86.

189 Ruppenthal: Kolonialismus, S. 95.

190 Zwernemann: Die ersten 112 Jahre, S. 103f.

Besitz brachte.[191] Während in den Jahren 1915 und 1916 durchaus noch Objekte und ganze Sammlungen angekauft wurden, waren 1917 beinahe ausschließlich Einzelobjekte zu erwerben. 1918 konnte das Museum dann die geringste Anzahl neuer Objekte des gesamten hier untersuchten Zeitraums erwerben. Während aus Nord- und Südamerika sowie Osteuropa nach wie vor Dinge eingingen, kam der Handel mit Gegenständen aus anderen Teilen der Erde – zumindest in Hamburg – beinahe zum Erliegen.[192] Thilenius setzte seine Sammlungsbestrebungen dennoch fort: Abgesehen von der anscheinenden Neutralität der Ausstellungen, die den Herkunftskontext eines Objekts zum Hauptnarrativ hatten, standen die gezeigten Objekte dort für viel mehr als ihre eigene Form und Funktion. All die Objekte, die beim Sammeln zurückgelassen wurden, die nicht »gerettet« werden konnten, wurden in dieser Ausstellung mitgedacht und den im Museum vorhandenen Stücken wurde eine gesamtkulturelle Repräsentation aufgetragen.[193]

Auf der persönlichen Identitätsebene kann authentisch einerseits einen bereits bestehenden Zustand bezeichnen, eine echte Identität, die vorbestimmt und damit bereits existent ist. Andererseits kann damit auch ein Prozess beschrieben werden, in dem eine echte Identität angestrebt wird und noch gefunden werden muss.[194] Der Konstruktion des Eigenen und des authentischen Anderen liegt die erstgenannte Annahme zugrunde: Die Bewohnenden der Kolonien schienen eine angeborene, echte Lebensweise und Identität zu haben, die allein durch ihre Geburt in eine bestimmte Gesellschaft hinein gegeben war. Während diese Authentizität geschätzt und positiv bewertet wurde, musste sie gleichzeitig gegen Einflüsse von außen geschützt werden, die das Echte verfälschen oder zerstören könnten. Für eigene politische Zwecke wurde diese vermeintliche Ursprünglichkeit entweder als ein Zustand der Reinheit, der Unschuld und der Naivität ausgelegt oder als Verkörperung von Brutalität und »Wildheit«.[195]

Welche Rolle diese Vorstellung einer im Museum abgebildeten Realität der Kolonialgebiete für das Hamburger Museum für Völkerkunde

191 S. Thilenius' Korrespondenz, in: MV 101–1, Nr. 1179.

192 S. dazu die entsprechenden Rechnungen: MV 101–1, Nr. 1018.

193 Kirshenblatt-Gimblett: Objects of Ethnography, S. 389f.

194 Bell: Relating Indigenous and Settler Identities, S. 28.

195 S. dazu: Urs Bitterli: Die ›Wilden‹ und die ›Zivilisierten‹. Grundzüge einer Geistes- und Kulturgeschichte der europäisch-überseeischen Begegnung, 3. Aufl., München 2004.

spielte, wird in einer Rezension der 1912 anlässlich der Hauptversammlung der Deutschen Kolonialgesellschaft gezeigten Kolonialausstellung deutlich:

> »Es ist bewundernswert, wie trefflich der Ausstellungsleitung die Wiedergabe gelungen ist. Man kann sich wirklich in diese Gegend, so weltentlegen sie ist, hineinversetzt fühlen.«[196]

Hier werden gleich mehrere Aspekte sichtbar: Zum einen die erfolgreiche Konstruktion der eigenen Herkunft und Kultur als überlegen und »zentral« im Gegensatz zu »entlegenen« Gebieten in beispielsweise Afrika, zum anderen eben die Bewertung der Ausstellung als erfolgreich und sehenswert, da sie möglichst realitätsgetreu weit entfernte Regionen abbildete. Auf ähnliche Weise forderte die bereits erwähnte Sammlungsanleitung für Reisende, dass die materiellen Dinge auch immaterielle Werte darstellten, die mithilfe umfangreicher Aufzeichnungen der Sammelnden rekonstruiert werden sollten:

> »Gesammelt werden können natürlich nur körperliche Dinge, Gegenstände der materiellen Kultur, die Beobachtungen sollen sich auf das gesamte Leben erstrecken und uns die toten Dinge, die wir in unseren Museen aufspeichern, erst lebendig machen.«[197]

Um diese Aufgabe zu bewältigen, sollte also das, was nicht mitgenommen und abtransportiert werden konnte, so genau wie möglich festgehalten werden.[198] Ohne ihre materiellen Zeugen hingegen wären die Aufzeichnungen (besonders für das Museum) nicht annähernd so wertvoll gewesen. Dabei sollten die Sammelnden »sich ohne vorgefasste Meinungen in die Gedankenwelt der Eingeborenen hinein[...] finden.«[199] Innerhalb der Wissenschaften und der Museen waren die Akteure davon überzeugt, eine ganze Kultur, eine Lebensweise und eine Gesellschaft in all ihren Eigenarten sammeln und abbilden zu können, wenn sie nur genug Dinge und dazu passende Aufzeichnun-

196 »Von der Kolonial-Ausstellung«, in: Hamburger Fremdenblatt, 6. Juni 1912, Nr. 130, in: MV 101–1, Nr. 777.

197 Luschan/Ankermann: Anleitung, S. 8.

198 Bereits in der Renaissance wurden geschriebene Berichte häufig durch beigelegte materielle Überreste ergänzt und belegt – ähnlich dienten den Sammelnden die Objekte gemeinsam mit ihren Feldnotizen, Berichten und Skizzen als Gesamtdarstellung des Gesehenen, vgl. Kirshenblatt-Gimblett: Objects of Ethnography, S. 394.

199 Luschan/Ankermann: Anleitung, S. 12.

gen bekämen. Dabei sollten die Sammelnden sich auf das vermeintlich niedrigere Niveau der Besammelten herab begeben, um die wahre Bedeutung der mitgebrachten Dinge so detailliert wie möglich in ihren Aufzeichnungen festhalten zu können.

Der Stellenwert echter Objekte in ethnologischen Museen der Kolonialzeit wird auch anhand von Thilenius' Antworten auf Anfragen einiger seiner Amtskollegen deutlich. Als beispielsweise 1905 die Deutsche Kolonialgesellschaft in Berlin unter der Leitung Felix von Luschans ein dauerhaftes Kolonialmuseum etablieren wollte und sich wegen finanzieller Schwierigkeiten und konzeptioneller Beratung an den Hamburger Direktor wandte, antwortete dieser, es seien »entbehrliche Dubletten«[200] dringend zu verkaufen, um die Anzahl vielfältiger echter Objekte zu erhöhen. Dass allerdings auch die Kategorie der »Dublette« äußerst uneinheitlich verwendet wurde und kleinste Unterschiede zwischen ähnlichen Objekten sie bereits wieder zu unterschiedlichen Originalen werden ließen, blieb an dieser Stelle unerwähnt. Prestige und Anziehungskraft auf das Publikum waren also in Thilenius' Augen vor allem durch eine Vielzahl unterschiedlicher Originale zu erreichen – die Sonderrolle der echten Objekte war essentiell für völkerkundliche Museen jeden Standorts. Bereits 1905 betonte Thilenius in einer Denkschrift an Max Warburg, »daß die Quellen der Völkerkunde nicht unerschöpflich sind«[201] und darum schnellstmöglich eine möglichst große Anzahl an Originalen gesammelt werden müsse. Welche Rolle die gezeigten Dinge trotz der begleitenden Analysen und Erläuterungen auch in der Wissenschaft spielten, wird weiterhin in der Rezension eines Bandes der Ergebnisse der Südsee-Expedition 1919 deutlich. Während der Rezensent die beispielhafte wissenschaftliche Darstellung der Insel Yap in Mikronesien überschwänglich lobt, werden die Objekte seiner Meinung nach nicht ausreichend gewürdigt:

> »Die einzigen Mängel, die zu erwähnen wären, sind, daß bei einigen Abbildungen die Maße der dargestellten Gegenstände fehlen, und daß manche der Geräte, Waffen usw. etwas ausführlicher und exakter hätten beschrieben werden können.«[202]

[200] Thilenius an die Deutsche Kolonialgesellschaft, 26. Juni 1905, in: MV 101–1, Nr. 589.

[201] Denkschrift über eine Hamburgische Expedition nach der Südsee von Georg Thilenius, 4. März 1905, an Max Warburg, in: MV 101–1, Nr. 1049.

[202] Rezension von Müller, W.: Yap. Ergebnisse der Südsee-Expedition der Hamburgischen Wissenschaftlichen Stiftung, hrsg. von Prof. Dr. C. [sic] Thilenius. II. Ethnographie: B. Mikronesien, Band 2. 1. Halbband, 40 XVIII u. 380 S. mit 1

Dabei dürfte eine genauere Beschreibung ohnehin unbekannter Gegenstände den Lesenden kaum zu weiteren Erkenntnissen geführt haben, dennoch schien die vorhandene Darstellung den Belegobjekten nicht ausreichend Raum zu geben.

Walter Benjamin zufolge hängt eine emotionale Erfahrung in Reaktion auf die Aura eines Gegenstands von seinem Status als Original ab. Es »leitet sich die Aura aus der Einzigartigkeit eines Kunstwerks ab«,[203] nur ein Original kann also bei den Betrachtenden eine emotional-auratische Erfahrung auslösen. Dabei ist die Einzigartigkeit des Originals auch von seiner direkten Verbindung zur Umgebung und seiner Rolle in einer Tradition abhängig. Repliken können diesen Aspekt des Originals nicht abbilden und daher auch keine Echtheit erlangen, da die Traditionszusammenhänge des ursprünglichen Objekts nicht reproduziert werden können.[204] Ethnologische Museen des frühen 20. Jahrhunderts versuchten dem Verlust dieser Traditionszusammenhänge entgegen zu wirken, indem sie möglichst genaue Aufzeichnungen über Sammlungskontext und Herstellungsprozess der Objekte von ihren Sammelnden einforderten. Im Kontext der Völkerkundemuseen kann diese wirkungsvolle Aura noch in erweiterter Form verstanden werden. Nicht nur eine wie auch immer geartete emotionale Erfahrung sollte den Besuchenden von den Ausstellungsgegenständen geboten werden, auch Wissen und Kenntnisse um weit entfernte Weltgegenden und Menschen sollten mitgenommen werden. Dabei wurde auch im Museum für Völkerkunde das Ideal der echten Dinge für eine Ausstellung mit beinahe religiösem Eifer verfolgt, die Echtheit bedurfte keiner weiteren Erklärungen oder Begründung.[205] Ohne tatsächlich einen Beweis mithilfe der vielbeschworenen Wissenschaft erbracht zu haben, wurde wie selbstverständlich angenommen, dass lediglich Originale den gewünschten Effekt haben könnten.

Spezifisch für die Aura der Originale im benjaminschen Sinne ist darüber hinaus die für das gesamte Völkerkundemuseum bereits beschriebene »Dialektik von Nähe und Ferne«[206] – während die echten

Panorama, 1 Karte, 70 Taf. u. 332 Abb. Uns 2. Halbband, 40, XII und 430 S. Hamburg 1917 und 1918. L. Friedrichsen & Cie., in: Petermanns Geogr. Mitteilungen, Juli/August 1919, in: MV 101–1, Nr. 1179.

203 Burmeister: Der schöne Schein, S. 101.

204 Benjamin: Das Kunstwerk, S. 441.

205 So auch im Fall der Aura im benjaminschen Verständnis, s. Benjamin: Das Kunstwerk, S. 441f.

206 Laukötter: Von der »Kultur«, S. 174.

Dinge zum Greifen nah scheinen, werden sie durch ihren Sonderstatus als Originale gleichzeitig der Welt des Publikums entrückt. Darüber hinaus schien mithilfe der Dinge die ferne Welt näher, während die Gegenstände selbst gleichzeitig weit entfernt von ihrem Herstellungskontext aufbewahrt wurden.

Mit der Anerkennung einer Aura kann dem Originalobjekt ein Subjektstatus zugesprochen werden: Das Original interagiert also mit den Betrachtenden und ist so in der Lage, bemerkenswerte Reaktionen auszulösen.[207] So hielt Thilenius Dinge, bei denen sich die Echtheit der Herkunft nicht nachweisen ließ, für ungeeignet und nahm sie weder in die Schau- noch in die Forschungssammlung auf. Auch in der Außenwirkung der Museumsausstellungen spielte die nachweisbare Herkunftsechtheit eine große Rolle. So schätzte ein Zeitungsartikel zur Kolonialausstellung im Hamburger Museum 1912 in Bezug auf das reichhaltige ausgestellte Material, dass die Exponate ohne Herkunftsangaben durch Bezug auf Landkarten und Völkerbezeichnung vermutlich wertlos seien.[208] 1909 forderte Georg Thilenius in seiner Korrespondenz mit Prof. Dr. Voigt, Mitglied der Botanischen Staatsinstitute Hamburgs, dass dieser in Britisch- und Deutsch-Ostafrika bei seinen Sammlungen zwischen »modernen« und »historischen« Gegenständen unterscheide. Dabei bezeichnete der Museumsdirektor diejenigen Dinge als modern, deren Materialien aus den kolonisierenden Ländern importiert wurden, während historisch diejenigen waren, die ohne europäischen Einfluss zur »Ursprungskultur« einer Gesellschaft zählten.[209]

Benjamins Annahme, bei der Reproduktion eines Objekts gingen sämtliche Informationen über den Traditionszusammenhang eines-Objekts verloren, lässt sich im musealen Zusammenhang und im kolonialen Völkerkundemuseum ganz besonders auch auf das jeweilige Original übertragen. Nicht nur, dass die Musealisierung jeweils die vorherigen Bedeutungszusammenhänge des Objekts ausblendet oder sogar löscht.[210] Auch ganz praktisch gingen durch die häufig wenig systematische Sammeltätigkeit der diversen Akteure jegliche Verbin-

[207] Burmeister: Der schöne Schein, S. 102.

[208] »Kunst, Wissenschaft und Leben. Kolonialausstellung im Hamburger Museum für Völkerkunde« in: Hamburger Echo No. 127, 4 Juni 1912, in: MV 101–1, Nr. 777.

[209] MV 101–1, Nr. 77.

[210] Hahn: Materielle Kultur, S. 42.

dungen zum Herstellungskontext der Objekte verloren. Die Dokumentation der Sammlungen ist je nach Sammelnden, Besammelten und der Situation ihres Aufeinandertreffens sehr unterschiedlich. Auf dieser theoretischen Ebene lassen sich unter Umständen also viele der gesammelten Gegenstände, die Benjamin zufolge »Originale« wären, eher wie Repliken behandeln. Praktisch allerdings änderte dieser fehlende Kontext zunächst nicht die Ehrfurcht vor dem Original von Wissenschaftlern und Wissenschaftlerinnen, Museumsbeschäftigten und Besuchenden gleichermaßen. Symbolisch gesehen wurden aus den jeweiligen Objekten durch den Kontextwechsel auch ausdrückliche Besitzgegenstände, sie wurden zu Ware transformiert.[211] Dieser Aspekt des Sammelns schlug sich auch in »Fragebogen I« des Hamburger Museums nieder, der als Anleitung für Reisende und Sammelnde verwendet wurde. So wurde hier unter anderem gefragt »Wie ist das Verhältnis von Leistung und Gegenleistung?« und die Sammelnden wurden angehalten, genaue Auskünfte über Tauschverhalten und möglichen Erwerb der Gegenstände zu geben.[212]

Wie echte Objekte eingesetzt wurden, um koloniale Bestrebungen bekannter und auch beliebter zu machen, wird anhand der Ausstellung im Hamburger Museum für Völkerkunde anlässlich der Hauptversammlung der Deutschen Kolonialgesellschaft im Juni 1912 deutlich. Neben der eigentlichen Versammlung sollte ein Begleitprogramm »die Mitglieder mit den kolonialwissenschaftlichen Einrichtungen Hamburgs bekannt [...] machen.« Darüber hinaus sollten auf Vorschlag von Karl Rathgen, selbst Professor des Hamburger Kolonialinstituts, die angebotenen Führungen und eigens erdachten Ausstellungen auch nach der Mitgliederversammlung öffentlich zugänglich sein, um das Publikum über die kolonisierten Gebiete und ihre Bevölkerung, aber auch über wirtschaftliche und politische Vorteile der kolonialen Expansion aufzuklären.[213] Den ausgestellten Objekten wurde hier eine Überzeugungskraft zugesprochen, mit deren Hilfe die Besuchenden von der Notwendigkeit überzeugt werden sollten, koloniale Besitzungen anzustreben und auszubauen. Entsprechend willigte Thilenius ein, im Museum eine spezielle Ausstellung mit zugehöri-

[211] Crew/Sims: Locating Authenticity: S. 159.
[212] Fragebogen I, MV 101-1, Nr. 6.
[213] Schreiben der Deutschen Kolonialgesellschaft, 21. Dezember 1911, in: MV 101-1, Nr. 777.

gen Führungen anzubieten, in der unter anderem »die Ausbeute der Expedition der Geographischen Gesellschaft nach Ostafrika« gezeigt werden sollte.[214]

Die erwünschten positiven Reaktionen auf die Ausstellungen blieben nicht aus. In mehreren Zeitungsartikeln wurden die Aufklärungsarbeit und die informationsreiche Zusammenstellung an Objekten gelobt. So schrieb die *Hamburger Woche* am 13. Juni 1912:

> »Uns Deutschen liegt ja die Sehnsucht nach fernen Ländern tief im Gemüt. Wir haben ungezählte Vertreter hinausgesandt zu unbekannten Völkern, um das Wesen dieser Menschen, ihre *geistige und materielle Natur* kennen zu lernen«[215]

und konstatierte anerkennend: »In Hamburg ist der koloniale Gedanke seit langem sorgfältig gepflegt worden.«[216] Die Berichte über die Kolonialausstellung 1912 betonten die Vollständigkeit und ungeheure Fülle der gezeigten Exponate:

> »Da begegnen wir Werkzeugen und Gebrauchsartikeln, die uns zeigen, daß ihre Verfertiger noch auf der tiefsten Stufe der Kultur stehen müssen. Aber auch die Fauna Afrikas wird uns an einer Unmenge von Tierfellen und Vogelbälgen, Fischen, Reptilien, Krebsen und Tausendfüßlern gezeigt«[217]

oder

> »Die Ausstellung der Südseeinseln beschränkt sich auf ethnologisches Material. Aber wie reich ist das! wie deutlich unterschieden nach der Herkunft!«[218]

Nicht nur der Umfang der Sammlung beeindruckte die Berichterstattenden, auch die scheinbar eindeutigen Rückschlüsse, die diese Ausstellung auf weit entfernte Kulturen nahe legte. Eine Verbindung zwischen hergestellten Objekten und der Zuordnung einer Gesellschaft zu einer bestimmten Entwicklungsstufe weit unterhalb der eigenen wurde hier gezogen und ihre Verdeutlichung als besondere Leistung des Ham-

[214] Thilenius an Rathgen, 23. Dezember 1911, in: MV 101–1, Nr. 777.
[215] »Kolonial-Ausstellung im Museum für Völkerkunde«, in: Die Hamburger Woche, 13. Juni 1912 (7. Jahrgang, Nr. 24), in: MV 101–1, Nr. 777.
[216] Ebd.
[217] Ebd.
[218] »Die Kolonialausstellung«, in: Neue Hamburger Zeitung No. 255, 9. Juni 1912, in: MV 101–1, Nr. 777.

burger Völkerkundemuseums hervorgehoben. So zog der Artikel der *Neuen Hamburger Zeitung* dann auch das Fazit:

> »Und das ist der Eindruck, mit dem man nach flüchtiger Durchwanderung die Ausstellung verläßt: durch alle Annäherungen und Aehnlichkeiten zurückwandelnd stoßen wir auf das Ewig-Fremde.«[219]

Die Konstruktion der eigenen überlegenen Identität gegenüber »unterentwickelten« Kolonisierten mithilfe echter Objekte wurde also vor allem durch gezielte Ausstellungsgestaltung vorangetrieben.

Dass die schiere Fülle von exotisch anmutenden Objekten die Betrachtenden zunächst einmal beeindruckte, ist nicht überraschend: Schließlich waren sie innerhalb der Sonderausstellung mit beinahe 22.000 Exponaten konfrontiert, die auf dem engen Raum des Museums einen überwältigenden Eindruck gemacht haben müssen.[220] Neben dem beeindruckenden Umfang und der anscheinenden Vollständigkeit der Kolonialausstellung betonten mehrere Pressestimmen dazu, dass es »Originale« zu sehen gebe. Besonders erwähnt wurde dabei ein »Originalwohnhaus«, das gemeinsam mit einem Modell eines Wohnhauses anderer Machart ausgestellt wurde. Dabei wurde das Original als lebensecht und stimmungsvoll beschrieben, während das Modell als solches in seiner Anziehungskraft dagegen deutlich abfiel.[221] Hier findet sich also in einer breiteren Rezeption der Ausstellung durchaus eine auratische Wirkung des originalen Wohnhauses.

Neben dem sinnstiftenden Narrativ der Ausstellung beeinflusste das Vorwissen der Betrachtenden zusätzlich die Wahrnehmung der ausgestellten Exponate. Völkerkundemuseen waren an dieser Stelle mit einem relativ geringen Vorwissen konfrontiert: Anliegen der Museen war es gerade, über Menschen und Kulturen auf anderen Kontinenten zu informieren, die ansonsten aufgrund der geografischen Distanz für das Publikkum kaum zugänglich waren. Während des 19. und beginnenden 20. Jahrhunderts waren die Informationsquellen noch deutlich geringer und weniger zugänglich. So ist es in der Grundausrichtung der Institution Völkerkundemuseum angelegt, eine Lücke zu füllen und Wissen zu bieten, wo es ansonsten wenig Zugang geben kann. Damit einher ging eine weit reichende Deutungsmacht der Museen und Ku-

[219] Ebd.

[220] Die Zahlen entstammen einem Artikelentwurf für die spätere Veröffentlichung in der Neuen Hamburger Zeitung, in: MV 101–1, Nr. 777.

[221] S. Artikel der Neuen Hamburger Zeitung und des Hamburger Echos 1912, in: MV 101–1, Nr. 777.

ratoren, die als einzige überhaupt Anschauungsmaterial über die Kolonien und außereuropäischen Gebiete liefern konnten.

Die Vorstellung echter Objekte in einem möglichst echten Kontext sollte an dieser Stelle Besuchende anziehen und Menschen für das Museum und seine Ausstellungen begeistern. Die Faszination der Originale und der Einsatz, den Museumspersonal und Sammelnde für sie brachten, weisen Parallelen zum Umgang mit sakralen Gegenständen und Reliquien auf, die im Folgenden analysiert werden.[222]

3.2 Echte Objekte als sakrale Objekte

Um der Wertschätzung des Echten Ausdruck zu verleihen und die gesammelten Dinge möglichst lang zu bewahren wurden der Umgang mit ihnen, die Modalitäten der Aufbewahrung, Konservierung und Handhabung durch die Menschen im Museum entsprechend ausgerichtet. Dabei lassen sich deutliche Parallelen zum Umgang mit mittelalterlichen Reliquien und ihren Aufbewahrungskonventionen erkennen.

Laube stellt bereits am Beispiel frühneuzeitlicher Kunstkammern fest: »Reliquien können ebenso den Status eines auratischen Dings annehmen wie Dinge in die Rolle einer säkularen Reliquie zu schlüpfen vermögen.«[223] Als Grundlage der Sammlung des Berliner Völkerkundemuseums diente beispielsweise unter anderem die von Friedrich Wilhelm (1620–1688) gegründete Kunstkammer mit ihren vielfältigen Beständen,[224] die dann um weitere Objekte aus außereuropäischen Gebieten ergänzt wurde.

Besonders im Fall musealer Dinge übernehmen Objekte ähnliche Funktionen wie religiöse Reliquien und erhalten eine ähnlich ehrfürchtige, standardisierte Behandlungsweise.[225] Dabei war, wie bereits hervorgehoben, die Wirkungskraft der Museumsobjekte nicht unbedingt auf die Objekte in ihrer materiellen Form zurückzuführen, sondern grün-

[222] Karl-Heinz Kohl fragt direkt »Museumsstücke – die sakralen Objekte der Moderne?«, in: Karl-Heinz Kohl: Die Macht der Dinge. Geschichte und Theorie sakraler Objekte, München 2003, S. 256ff.

[223] Laube: Von der Reliquie, S. 4.

[224] Hog, Ethnologie und Öffentlichkeit, S. 32.

[225] Für eine umfassende Überblicksdarstellung mittelalterlicher Heiligen- und Reliquienverehrung s. Arnold Angenendt: Heilige und Reliquien. Die Geschichte ihres Kultes vom frühen Christentum bis zur Gegenwart, 2. überarb. Aufl., Hamburg 2007.

dete auf den gewichtigen Zuschreibungen, die sie in der musealen Präsentation erfuhren. Für mittelalterliche Reliquien galt ebenso: »Reliquien sind eigentlich ein Nichts, [...]; sie werden durch einen Gnadenakt Gottes zu heiliger Materie.«[226] So wie Reliquien eine ihnen eigene göttliche Kraft – »Virtus« – nachgesagt wurde,[227] schienen auch museale Objekte eine ihnen innewohnende Kraft zu haben, die sie nicht nur eine Kultur repräsentieren ließ, sondern ihnen darüber hinaus auch einzigartiges Wissen einschrieb, das auf andere Weise nicht zu erlangen war.

Wie auch im Fall mittelalterlicher Reliquiare,[228] also der Aufbewahrungsbehältnisse unterschiedlicher Reliquien, kann im Fall echter Objekte im Museum zu Beginn des 20. Jahrhunderts eine Übertragung der Faszinationskraft von den aufbewahrten Dingen auf ihre Verpackung und Aufbewahrungsmöbel beobachtet werden: Wie die ausgestellten Exponate selbst, durften bereits die Vitrinen nicht berührt werden, in ihrer Funktion als Behälter kam ihnen eine ähnliche Unantastbarkeit zu wie den hoch geschätzten Objekten selbst.

Reliquiare waren dabei Behältnisse aus verschiedensten Materialien, die dazu dienten, Reliquien geschützt aufzubewahren. Zwar waren Vitrinen und Ausstellungsschränke ethnologischer Museen nicht wie Reliquiare hermetisch abgeschlossen,[229] aber sie symbolisierten doch einen gewissen Abstand der Betrachtenden von den ausgestellten Stücken. Mittelalterliche Reliquien wurden ebenfalls in geschlossenen Behältern aufbewahrt, die selbst unscheinbare Dinge in einzigartige sakrale Gegenstände verwandelten und den Betrachtenden das Konzept der Heiligkeit veranschaulichen sollten.[230] Das Aufbewahren wurde durch die Ausstellung der Dinge zum quasi heiligen Akt. Dabei spielte nicht nur die finale Form der Aufbewahrung eine Rolle, sondern auch die Behandlung der Exponate bzw. Reliquien während der Vorbereitung. Während dieser Prozesse waren diverse Regeln und Vorsichtsmaßnahmen zu beachten, um den heiligen Wert des Aufbewahrungsstücks

[226] Bruno Reudenbach: »Gold ist Schlamm«. Anmerkungen zur Materialbewertung im Mittelalter, in: Monika Wagner/Dietmar Rübel (Hrsg.): Material in Kunst und Alltag, (Hamburger Forschungen zur Kunstgeschichte. Studien, Theorien, Quellen I), Berlin 2002, S. 1–12, hier: S. 9.

[227] Angenendt: Heilige, S. 155ff.

[228] Bruno Reudenbach: Reliquiare als Heiligkeitsbeweis und Echtheitszeugnis. Grundzüge einer problematischen Gattung, in: Wolfgang Kemp u.a. (Hrsg.): Vorträge aus dem Warburg-Haus, Bd. 4, Berlin 2000, S. 1–36, hier: S. 3.

[229] Christof L. Diedrichs: Vom Glauben zum Sehen. Die Sichtbarkeit der Reliquie im Reliquiar. Ein Beitrag zur Geschichte des Sehens, Berlin 2001, S. 29.

[230] Putnam: Art, S. 14.

nicht zu verringern oder gar zu zerstören. Deutlich wird diese Besonderheit der Verfahren in den Beschreibungen und Anweisungen des Hamburger Museumsdirektors Thilenius. In einem Brief aus dem Jahr 1913 erläuterte er gegenüber der Hamburger Schulbehörde das Aufnahmeverfahren für eingehende Objekte in seinem Museum.[231] Bereits das Auspacken der Objekte bedurfte einer besonderen Vorsicht: Es wurden

> »die Verpackungsmaterialien in verschlieszbare [sic] Mülltonnen verbracht. Es geschieht dies, um eine Verschleppung von Schmutz, Ungeziefer usw. in das Gebäude nach Möglichkeit einzuschränken.«

Die bereits gereinigten und entsprechend aufbewahrten Sammlungsstücke im Inneren des Museums sollten also nicht kontaminiert werden, indem sie mit bisher unkontrollierten Objekten in Kontakt kamen. Der Prozess der Reinigung und Vorbereitung auf die Aufbewahrung wurde von »wissenschaftlichen Beamten«[232] durchgeführt, die also durchaus eine Art von Ausbildung oder große Erfahrung haben mussten, um auf »richtige« Weise mit den Stücken umgehen zu können und sie nicht möglicherweise selbst zu kontaminieren. Auch für mittelalterliche Reliquien, bei denen die Frage der Echtheit ebenfalls eine zentrale Rolle spielte, existierten standardisierte Bewertungskriterien zur Bestimmung echter und falscher Exponate.[233] Zusätzlich war das Verhalten bei der Translation von Reliquien von einem Ort zum anderen genau vorgegeben: Nicht nur die am Transport der heiligen Dinge direkt Beteiligten, auch alle anderen Personen und Gruppen, die ihnen begegneten, mussten zeremonielle Regeln einhalten.[234] Ebenso versuchte das Völkerkundemuseum das Verhalten aller an Sammlung und Verschiffung beteiligten Personen im Sinne einer sicheren und gut dokumentierten Überführung der authentischen Kulturobjekte zu beeinflussen.

Mit der auf den Transport folgenden elaborierten Aufnahmepraxis, die beinahe zeremoniell genannt werden kann, ging auch die Vereinnahmung der Objektbedeutung durch das Völkerkundemuseum einher. Durch die praktische Reinigung von möglichen Überresten ihrer vorherigen Umgebungen wurden die Gegenstände in das Regelwerk und die Systematik des europäischen Museums eingefügt und konnten in-

[231] Brief des Direktors des Hamburger Völkerkundemuseums Georg Thilenius (1913). In: Themenportal Europäische Geschichte (2008), http://www.europa.clio-online.de/2008/Article=291 [24.2.2015].
[232] Ebd.
[233] Reudenbach: Reliquiare, S. 28.
[234] Röckelein: Reliquientranslation, S. 325.

folgedessen mit einer neuen Deutung versehen werden, die sie dann auf unbegrenzte Zeit im Museum tragen sollten.[235] Damit transformierte dieses Eingangsvorgehen des Museums die Dinge von Alltagsgegenständen zu – innerhalb der Museumslogik – erhabenen, aussagekräftigen Originalen. Der Prozess der Translation, also der Überführung von Reliquien wird in drei Stadien unterteilt, die sich jeweils auf die heilige Aura der Gegenstände beziehen: die Trennung von ihrem bisherigen Aufbewahrungsort, anschließend den Übergang bzw. den gesicherten und begleiteten Transport und abschließend die Vereinigung, also die Einbettung in ihren neuen Aufbewahrungskontext.[236] Ähnlich erging es auch den gesammelten Objekten auf ihrem Weg in das Völkerkundemuseum. Zunächst wurden sie durch das Sammeln aus ihrem Kontext entfernt und damit auch von den bisher sinnstiftenden Praktiken getrennt. Der Übergang in Form der Überführung nach Europa und in das Museum erfolgte, wie auch im Fall der Reliquien, immer in Begleitung von Personen und Aufzeichnungen, die nicht nur die Sicherheit der Dinge garantieren sollten, sondern auch ihre Herkunft und damit ihre Echtheit bezeugten. Die abschließende Vereinigung der Reliquien mit ihrem neuen, speziell präparierten Aufbewahrungskontext entspricht wiederum den Aufnahmeritualen des Völkerkundemuseums: Es wurden einerseits die Dinge auf bestimmte Art und Weise in das Museum gebracht, andererseits wurden neben den Objekten auch die Räumlichkeiten und deren Einrichtung nach besonderen Kriterien ausgestaltet, um der Aura der Objekte auch an ihrem neuen Ort gerecht zu werden. Anders als im Fall religiöser Objekte spielte bei der Transformation der Museumsdinge die Öffentlichkeit noch keine Rolle. Während eine Beglaubigung durch eine begleitende Öffentlichkeit für den Transport von Reliquien essentiell war,[237] kam dem Publikum im Völkerkundemuseum erst nach der Umbettung, Aufbereitung und Neukontextualisierung der eingehenden Gegenstände eine Rolle zu.

Ähnlich wie einzelnen Körperteilen in ihrer Funktion als Teilreliquien die ungeteilte Heiligkeit und Gnade des Verstorbenen nachgesagt wurde,[238] wurde im Völkerkundemuseum Gegenständen die Fähigkeit zugesprochen, eine gesamte Kultur zu repräsentieren und verständlich zu machen. Ihre Aura sollte Auskunft über ganze Lebensweisen geben

[235] Laukötter beschreibt diesen Prozess als zweiten Schritt im »Akt der Musealisierung«, Laukötter: Von der »Kultur«, S. 177.

[236] Röckelein: Reliquientranslation, S. 326.

[237] Röckelein: Reliquientranslation, S. 359ff.

[238] Reudenbach: Reliquiare, S. 12.

können und das Wissen darüber an Betrachtende vermitteln. Die Besuchenden waren durch die materielle Präsenz der Objekte innerhalb der Ausstellung auf besonders intensive Weise mit ihnen konfrontiert – anders als in der Kirche waren die Museen allerdings durchaus auf die Sensationslust und den Wissensdurst ihres Publikums eingestellt, sogar angewiesen.[239] Während Kirchen als Orte der Ehrfurcht nicht durch Schaulustige entweiht werden durften, waren Besuchende für die Völkerkundemuseen der Kolonialzeit durchaus wichtig.

Wie Reliquien in mittelalterlichen Kirchen durften auch in Museen die Dinge nicht ohne standardisiertes Verfahren aufbewahrt werden, um so die einzigartige Wirkung nicht zu verringern: »Aus dem Waschraum werden die Gegenstände in das Laboratorium überführt und gelangen zunächst in den Vakuumapparat, in dem sie mittels Schwefelkohlenstoff von tierischen Schädlingen befreit werden.«[240] Mithilfe dieser Prozeduren wurden die »exotischen« Objekte auf die meist letzte Phase ihres Daseins in der Sammlung des ethnologischen Museums vorbereitet. Im Zuge dieser Vorbereitung wurden die gesammelten Nachweise für die Lebensweisen außereuropäischer Gesellschaften entsprechend bearbeitet, um dann in der europäischen Vorstellungswelt der »exotischen« Überseegebiete ihren Platz zu finden. Dabei hob die Aufbewahrungs- und Ausstellungsweise den Sonderstatus der gesammelten Gegenstände noch hervor und konservierte damit die echten Objekte auf eine Weise, die ihre authentischen Aussagen auf unbestimmte Zeit im Museum ausstellbar machte. Wie in mittelalterlichen Reliquiaren wurden hier Museumsobjekte aufbereitet, um als Anschauungsgegenstände zu dienen.[241] Anhand der einzelnen Objekte sollte etwas Größeres gezeigt werden, ihre Aura sollte den übergeordneten Kulturzusammenhang erfahrbar machen – wie mittelalterliche Grabstätten beispielsweise Besuchende die Gegenwart Heiliger auratisch erleben ließen.[242] Die Besichtigung der Exponate ließ entfernte Gegenden und Menschen einerseits nah erscheinen und machte sie erfahrbar. Damit rückten die von Kolonisation betroffenen Gebiete an das alltägliche Leben der Menschen in der Hansestadt heran und schienen mit dem kolonisierenden Mutterland verbunden. Andererseits

[239] Diedrichs: Vom Glauben, S. 9.

[240] Brief des Direktors des Hamburger Völkerkundemuseums Georg Thilenius (1913).

[241] Reudenbach: Reliquiare, S. 8.

[242] Diedrichs: Vom Glauben, S. 16.

gebot der Ausstellungsmodus einen angemessenen Abstand und entsprechenden Respekt.[243]

Ab 1215 durften Reliquien per Anordnung des vierten Laterankonzils nicht mehr außerhalb von Reliquiaren aufbewahrt werden, um sie für nachfolgende Generationen zu konservieren und den heiligen Überresten den nötigen Respekt entgegen zu bringen.[244] Diese Anordnung war Ausdruck eines »Prozesses, der jahrhunderteweit zurückreichte«[245] und ein wachsendes Interesse an echten Überresten von heiliggesprochenen Personen und Gegenständen regulieren sollte. Zwar gab es für die Objekte der Völkerkundemuseen keine entsprechende zentrale Verordnung, aber die Korrespondenz des Hamburger Museums mit anderen Institutionen und auch dem Verband deutscher Museen für Völkerkunde zeigt deutliche Bemühungen, eine standardisierte Aufbewahrungs- und Ausstellungspraxis zu erarbeiten. Der bundesweite Museumsverband pries ebenfalls in Rundschreiben an seine Mitglieder die Sammelanleitung von Luschans an und riet dazu, sie an Sammelnde auszugeben, um möglichst einheitliche und brauchbare Ergebnisse zu erzielen.[246]

Besonders zum Tragen kamen spezielle Vorschriften im Umgang mit menschlichen Überresten.[247] Thilenius wies wiederholt seine Sammelnden zur absoluten Genauigkeit im Umgang mit menschlichen Skeletten an und gab eine genaue Anleitung zur Verschickung von Knochen und Skelettteilen aus:

> »Die trockenen Knochen werden mit einer in heissem Zustande ganz dünnflüssigen Leim- oder Gelatinelösung getränkt. Zu diesem Zweck taucht man die Knochen in die Lösung und belässt sie darin, solange noch Luftblasen aufsteigen. Die Knochen werden dann im Schatten langsam getrocknet, auf einem mit Papier bedeckten Brett. Verklebt beim Trocknen der Knochen mit dem Papier, so wird das Papier nicht abgerissen, sondern am Knochen haftend mitgesandt.«[248]

[243] Diedrichs: Vom Glauben, S. 17.

[244] Reudenbach: Reliquiare, S. 6.

[245] Diedrichs: Vom Glauben, S. 9.

[246] So z.B. in einem Rundschreiben vom 3. April 1914, in: MV 101–1, Nr. 78.

[247] Zur Frage nach menschlichen Überresten in ethnologischen Sammlungen siehe u.a. Stoecker/Schnalke/Winkelmann: Sammeln; sowie die »Empfehlungen zum Umgang mit menschlichen Überresten in Museen und Sammlungen" des Deutschen Museumsbundes von 2013, http://www.museumsbund.de/fileadmin/geschaefts/dokumente/Leitfaeden_und_anderes/2013_Empfehlungen_zum_Umgang_mit_menschl_UEberresten.pdf [3.8.15].

[248] Thilenius an J.H. Baur, Anlage zum Schreiben des 13.7.1923, in: MV 101–1, Nr. 966.

Nach dieser Behandlung sollten die Knochen auf bestimmte Weise und mit genau festgelegtem Material verpackt werden. Auch für den Transport von Schädeln nach Europa gab der Direktor exakte Anweisungen, wie die Schädel jeweils vor Schaden geschützt werden sollten. Essentiell war für alle verschickten Teile während dieser Prozedur die genaue Bezeichnung, die auf beigelegten Erläuterungsbögen eindeutig zugeordnet mitgeschickt werden sollten.[249] Darüber hinaus sollten verschickte Schädel mit Ton gefüllt werden, um zu verhindern, dass sie unterwegs brechen würden. Eine ähnliche Praxis lässt sich auch bei mittelalterlichen Reliquien erkennen, denen Beschreibungen und schriftliche Ursprungsbekundungen beigelegt wurden, »die bei der Versendung von Reliquien deren Echtheit bezeugen und Identifizierung sichern sollten.«[250] So wurde bereits im 9. Jahrhundert bei der Translation von Reliquien eine Kombination aus schriftlichen Zeugnissen und menschlichen Zeugen genutzt, um einerseits die Überführung der Gegenstände zu sichern und andererseits deren Echtheit zu bezeugen.

Auf ganz ähnliche Weise wurde also die beinahe heilige Echtheit der Museumsstücke mithilfe einer Kette von Beglaubigungen und Nachweisen gesichert, bis sie dann in das Museum gelangten. Bereits für die Translation von Körperreliquien nach Sachsen im 9. Jahrhundert waren »Kommunikationsnetze und soziale[...] Beziehungen« nötig, »die zwischen Sendern, Vermittlern, Translatoren und Empfängern der transferierten Heiligengebeine existierten.«[251] So hingen schon während der Überführung mittelalterlicher Reliquien sowohl die belegte Echtheit als auch der fachgerechte und angemessene Transport von elaborierten Netzwerken und persönlichen Kontakten ab.

Nicht nur der Umgang mit den ausgestellten Objekten weist im Fall des Völkerkundemuseums Parallelen zu religiösen Praktiken auf. Wie oben bereits erwähnt, durften Objekte nur nach gewissenhafter Aufbereitung in das Innere des Museums gelangen, und auch das Gebäude selbst löste eine Ehrfurcht bei den Besuchenden aus: Ähnlich dem sonntäglichen Besuch in der Kirche wurde Ausgehkleidung getragen, um das Erlebnis des Museumsbesuchs würdig zu gestalten. Die breiten, nur mit-

249 Zur Frage des Ver- und Auspackens in der Museumspraxis s. Susanna Harris/ Laurence Douny (Hrsg.): Wrapping and Unwrapping Material Culture. Archaeological and Anthropological Perspectives, (Publications of the Institute of Archaeology, University College of London 64), Walnut Creek 2014.

250 Reudenbach: Reliquiare, S. 22.

251 Röckelein: Reliquientranslation,S. 15.

tig mit Teppich ausgelegten Treppen und der erforderliche Anstieg zu den Ausstellungsräumen sollten Ehrfurcht bei den Besuchenden auslösen und sie damit auf die Ausstellungen vorbereiten.[252] Wie auch in der Kirche schien das Museum langsame, ruhige Schritte zu erfordern und Stimmen wurden gesenkt. Deutlich wird diese ehrfürchtige Achtung vor dem Museum als Institution der Bildung und des Wissens auch darin, dass sich Besuchende über andere Besuchende und deren Verhalten beschwerten, wenn sie es als nicht angemessen empfanden.[253] Die stille Zwiesprache mit den ausgestellten Gegenständen, der Kontakt zur weit entfernten Welt sollte nicht durch laute Kinder oder unangemessene Gespräche gestört werden. Als Orte des Echten, »synonymous with a repository of everything original, authentic and unique«,[254] riefen Museen bereits eine ehrfürchtige Reaktion hervor, ohne dass die Objekte im Inneren gesehen wurden. So stimmte besonders auch in Hamburg das imposante Bauwerk auf »eine Erfahrung, eine Sinneswahrnehmung und damit verbundene Emotion«[255] ein, die nicht nur als Reaktion auf Eigenschaften eines Objekts, die weder erkennbar noch klar identifizierbar waren, erfolgte. Bereits vor dem Betreten wurde eine solche Reaktion mithilfe der äußeren Form und institutionellen Inszenierung des Museums eingefordert. Auch die Inszenierung von Reliquien im Mittelalter hatte die Erzeugung einer emotional erfahrbaren Aura zum Ziel. Diese »wurde erzeugt durch sinnliche Elemente, so die Sakralarchitektur, Gesänge, großzügige Beleuchtung mit vielen Kerzen [...]«[256] Wie im Museum um die Jahrhundertwende wurden also bauliche Maßnahmen sowie Lichteinrichtungen für die stimmungsvolle Inszenierung genutzt.[257]

Übereinstimmend mit ihrer Ehrfurcht vor dem Gebäude und der Institution des Museums kamen Besuchende mit einer »Museumseinstellung«.[258] Das Museum stellte eine Schatzkammer dar, eine Bildungsstätte, die Wissen aufbewahrte. Ganz bewusst hatte Thilenius den zwischen 1910 und 1912 bezogenen Neubau an der

[252] Laukötter: Das Völkerkundemuseum, S. 237.
[253] MV 101–1, Nr. 1900.
[254] Putnam: Art, S. 68.
[255] Burmeister: Der schöne Schein, S. 101.
[256] Diedrichs: Vom Glauben, S. 205.
[257] Mittlerweile werden im Hamburger Museum für Völkerkunde auch Geräuschkulissen eingespielt, z.B. im Nordamerika-Saal.
[258] Baxandall: Exhibiting Intention, S. 34.

Hamburger Rothenbaumchaussee gemeinsam mit dem ausführenden Architekten entsprechend gestaltet, um den Wert der aufbewahrten Sammlungen zu unterstreichen.[259] Die Wahrnehmung der Objekte als mehr oder weniger interessant, schön oder weniger schön, erfolgte dabei nach bereits bekannten Mustern – außereuropäische Artefakte wurden mithilfe europäischer Maßstäbe bewertet. Diese sakrale Inszenierung nicht nur von Objekten, sondern auch des Museums als Institution selbst wurde nicht zuletzt von Wissenschaftlerinnen und Wissenschaftlern sowie Museumsleitern bewusst unterstützt, so dass letztendlich »die Wissenschaft, während sie die Welt säkularisierte, sich selbst sakralisierte.«[260] Auch der spätere Umgang mit den während der Kolonialzeit gefertigten Sammlungen weist eine beinahe religiöse Unantastbarkeit der Objektsammlungen auf: Einzelne Gegenstände durften nur mit vorheriger Genehmigung für einen kurzen Zeitraum aus ihrem Konvolut entliehen werden,[261] die einmal gesammelten und zusammengestellten Dinge sollten in ihrer Form erhalten bleiben und dauerhaft die Erkenntnisse der Wissenschaft abbilden.

»Die himmlischen Gnadenkräfte, [...], waren gerade nicht sinnlich erfaßbar, waren den Reliquien selbst nicht anzusehen und nicht zu ertasten. [...] Damit war nicht nur, wie man weiß, dem Betrug Tür und Tor geöffnet, [...]«[262] Grundprobleme bei der Frage nach Definition und Überprüfbarkeit von Echtheit lassen sich also in ähnlicher Weise bei kulturellen Objekten Ende des 19. und zu Beginn des 20. Jahrhunderts sowie bei mittelalterlichen Reliquien erkennen: Einerseits konnte die Authentizität nicht im direkten Umgang mit den Dingen überprüft werden, andererseits bot sich dadurch die Möglichkeit der Fälschungen, die nur schwierig und durch umfangreiche Verfahren erkannt werden konnten.

259 Ruppenthal: Kolonialismus, S. 96.

260 Jardine: Sammlung, S. 206.

261 Umlaufschreiben des Direktors Thilenius, 23. September 1921, sowie eine ausdrückliche Wiederholung dieser Forderungen durch den späteren Direktor Franz Termer am 22. September 1936, in: MV 101–1, Nr. 767. Nicht zuletzt nahm auch die Ausstellungsreihe »Der innere Reichtum des Museums« unter Direktor Wulf Köpke auf die aus dieser Zeit stammenden Sammlungen Bezug (S. dazu Wulf Köpke: Das Konzept »Der innere Reichtum des Museums«, in: Ders./Bernd Schmelz (Hrsg.): Hamburg-Südsee. Expedition ins Paradies, (Mitteilungen aus dem Museum für Völkerkunde Hamburg, NF Bd. 33), Hamburg 2003, S. 9–15).

262 Reudenbach: Reliquiare, S. 8.

4 Sammlungsstrategien und Verhandlungen um Echtheit

Wie bereits aufgezeigt, kann Echtheit nur mithilfe von Kommunikationsprozessen erzeugt und glaubhaft vermittelt werden. Entsprechend können die Korrespondenz und Verhandlungen des Museums mit Sammelnden, anderen Institutionen oder Konkurrenten Aufschluss darüber geben, wie Authentizität gedacht und verhandelt wurde und welche Rolle sie bei der Auswahl von Sammlungsgegenständen spielte.

Grundsätzlich können Museen nur ausstellen und erzählen, was den beteiligten Angestellten der Institution bekannt und im Haus verfügbar bzw. anderweitig ausleihbar ist. Entsprechend rekurrieren die produzierten Ausstellungen auch zwangsweise auf die Weltbilder, Wertvorstellungen und Ansichten der jeweiligen Ausstellungsproduzierenden.[263] Aus diesem Grunde müssen zeitgenössische Vorstellungen und Ansichten besonders bedacht werden, wenn (Völkerkunde-) Museen und ihre gesellschaftliche Rolle betrachtet werden. Ausstellungen und Museumsgestaltung zielen ihrerseits auch wieder auf vermutete Wünsche und Interessen der Betrachtenden ab, und so werden in Abhängigkeit von aktuellen politischen und gesellschaftlichen Strömungen wiederum Annahmen über die ausgestellten Gegenstände, ihre Herkunft, früheren Verwendungszwecke und Besuchende getroffen.[264] Thilenius sah an dieser Stelle die Leistung eines völkerkundlichen Museums: Über das Sammeln hinaus war es Aufgabe, die eingehenden Dinge zu erfassen und zu bearbeiten, wissenschaftliche Untersuchungen anzustellen und darauf basierend die Ausstellungen anzuordnen, mit Etiketten und Schautafeln zu versehen und damit eine Ordnung herzustellen, die den angehäuften Dingen einen Zusammenhang und einen Sinn über ihre eigene Materialität hinaus geben sollte.[265] Im Vergleich mit anderen europäischen und nordamerikanischen Völkerkundemuseen galten die deutschen als führende Institutionen der Ethnologie.[266] Dabei wurde das Sammeln mit fortschreitender europäischer Expansion deutlich begünstigt. Die Etablierung »europäischer Strukturen«

[263] Steven D. Lavine/Ivan Karp: Introduction. Museums and Multiculturalism, in: Dies. (Hrsg.): Exhibiting Cultures. The Poetics and Politics of Museum Display, Washington D.C. 1991, S. 1–10, hier: S. 1.

[264] Karp: Culture and Representation, S. 12.

[265] Thilenius: Das hamburgische Museum, S. 61.

[266] Penny: Objects of Culture, S. 1.

erlaubte den Sammelnden, die Objekte verhältnismäßig zügig und gesichert zu sammeln und abzutransportieren: Unter Rückgriff auf ihnen bekannte Transport- und Kommunikationswege, Verwaltungsstellen und die zunehmende Verbreitung europäischer Sprachkenntnisse wurde der Sammlungsprozess berechenbarer als noch im 19. Jahrhundert. Nichtsdestotrotz stellten die eben nicht wie in Europa funktionierenden Strukturen die Forschenden immer wieder vor Probleme. Dr. Sarfert, Teilnehmer der Hamburger Südsee-Expedition, sah sich beispielsweise im zweiten Jahre der Expedition in Deutsch-Neuguinea mit einer »Zwangspause« von mehreren Monaten konfrontiert. In Bezug auf die Schwierigkeiten, ein Schiff für seine weiteren Forschungsreisen zu finden, hielt er später in den veröffentlichten Ergebnissen der Expedition fest:

> »Als die ›Sumatra‹ endlich nach Wochen erschien, fand sie soviel angehäufte Aufgaben, daß mein Wunsch trotz größten Entgegenkommens und Verständnisses auf passende Gelegenheit zurückstehen musste. Zu berücksichtigen ist auch, daß Zeitwert und geregelter Fahrplan im Archipel damals noch Begriffe waren, die ihre besondere und eigene Lokalprägung hatten.«[267]

»Ein Diskurs ist eine Gruppe von Aussagen, die eine Sprechweise zur Verfügung stellen, um über etwas zu sprechen.«[268] Mithilfe der unterschiedlichen Äußerungen zur Frage nach den echten Objekten im völkerkundlichen Museum, bestimmten die beteiligten Akteure auch darüber, wie über Echtheit gesprochen und verhandelt werden konnte und wie diese dadurch konstruiert wurde. Die Kommunikation über echte Objekte völkerkundlicher Museen war dabei Teil eines größeren Kolonialdiskurses, mit dessen Hilfe abgegrenzte Identitäten konstruiert wurden.[269] Darüber hinaus umfassen Diskurse grundsätzlich jede Art von Äußerung und Wissen zu einem jeweiligen Thema.[270] Da die Publikationen und auch die Korrespondenz des Museums bzw. dessen Direktors sowohl in einer wissenschaftlichen als auch gesellschaftlich-bürgerlichen Öffentlichkeit rezipiert wurden, stellen sie einen konstituierenden Bestandteil des Diskurses um die Völkerkunde insgesamt

[267] Ernst Sarfert: Vorwort, in: Georg Thilenius (Hrsg.): Ergebnisse der Südsee-Expedition 1908–1910, II: Ethnographie B. Mikronesien, Bd. 12: Luangiua und Nukumanu, Hbd. 1: Allgemeiner Teil und Materielle Kultur, Hamburg 1929, S. V-X, hier: S. VI.

[268] Hall: Der Westen, S. 150.

[269] Zimmerer: Kolonialismus, S. 15f.

[270] Laukötter: Von der »Kultur«, S. 29.

und die Rolle von Ethnografika im Besonderen dar. Aufgrund ihrer Wirkung, nicht nur auf die beteiligten Akteure, schaffen Diskurse und die in ihnen enthaltenen Konstruktionen Realitäten, die gesamtgesellschaftliche Wirkmächtigkeit entwickeln.[271] Die Ethnologie nahm dabei im Kolonialdiskurs eine besonders prägende Rolle ein, indem sie eine Hierarchisierung der Kulturen wissenschaftlich überzeugend konstruierte.[272] Im Gegensatz zu Museen in anderen Nationen bewahrten gerade deutsche Völkerkundemuseen ihre Objekte nicht nur auf, sondern schufen mit ihrer Hilfe wirkmächtige Erzählungen.[273]

Innerhalb der Diskurse um die Völkerkunde nahmen und nehmen die Museen und ihre Führungspersonen eine zentrale Rolle ein. Dabei produzierten eben diese Verhandlungen und Äußerungen jenen Output, der dann als Wissen in die Gesellschaft überging und so erneut verbreitet wurde. Museen bildeten damit »Kalkulationszentren, von denen aus verschiedene und oftmals weit entfernte Aktanten gesteuert, gelenkt und mobilisiert werden. Diese Zentren kolonisierten die Welt etwa durch mobile Delegierte wie Informanten, Sammler [...]«[274] Die gesammelten Inhalte all dieser Aktanten liefen dann im Museum wieder zusammen, um weiterverarbeitet und kombiniert zu werden und letztendlich in aufbereiteter Form publiziert und in öffentliche Diskurse zurückgegeben zu werden. Dabei beeinflussten die Äußerungen und Veröffentlichungen des Museums nicht nur den öffentlichen, sondern auch den wissenschaftlichen Diskurs. Das ausgegebene Wissen wiederum konnte dann die Praxis des Sammlungsaufbaus und der Informationsgenerierung beeinflussen, indem neue Beteiligte gewonnen, auf veränderte Weise angeleitet oder Konkurrenten ausgegrenzt werden konnten und damit die eingehenden Objekte und Informationen auch beeinflusst wurden. Zusätzlich agierten innerhalb des musealen Rahmens unterschiedliche Akteure, die unter Einbezug ihrer privaten, politischen und wirtschaftlichen Kontakte wiederum das Verhalten weiterer Personen innerhalb ihres Netzwerks beeinflussten und so über ihre eigenen Handlungsspielräume hinaus Geltung entfalteten.[275]

271 Hall: Der Westen, S. 152.

272 Eintrag »Ethnography«, in: Bill Ashcroft/Gareth Griffiths/Helen Tiffin (Hrsg.): Postcolonial Studies. The Key Concepts, 3. Aufl., London 2013, S. 102–105.

273 Penny: Objects of Culture, S. 34.

274 Jardine: Sammlung, S. 216.

275 Zur Wirkweise einzelner Akteure innerhalb ihrer Netzwerke s. Henning Schmidgen: Bruno Latour zur Einführung, Hamburg 2011, S. 103f.

In der Autorisierung des ausgegebenen Wissens durch das Museum als Kalkulationszentrum konnten die kolonialistischen und rassistischen Grundannahmen mit Glaubwürdigkeit versehen und in breiten Kreisen der Bevölkerung wirkmächtig werden. Um dabei die komplexen Inhalte abzubilden, wurde unweigerlich auf vereinfachende Kategorien zurückgegriffen, um Kulturen und Gesellschaften vergleichen zu können und die Differenz zwischen dem Eigenen und dem Anderen erfolgreich zu konstruieren.[276] Nicht unerheblich war dabei auch die Tatsache, dass es sich bei Expeditionen und Museen meist nicht um private Unternehmungen handelte, sondern um staatlich und städtisch geförderte Projekte. Entsprechend beförderten auch die durch die Geographische Gesellschaft[277] in Hamburg finanzierten Forschungs- und Sammlungsexpeditionen zusätzlich den innerstädtischen Kolonialdiskurs.[278] Neben der oben erläuterten Faszination für echte Objekte gab es in Hamburg für Museumsdirektor Thilenius ab 1908 noch einen ganz praktischen Grund, außereuropäische Gegenstände zu sammeln: Die Ausbildung deutscher Kolonialbeamter am Hamburger Kolonialinstitut, an der Thilenius intensiv beteiligt war, benötigte Anschauungsmaterial in Form von Objekten, um die Gebräuche und kulturellen Gepflogenheiten ihres jeweiligen Ziellandes kennen zu lernen. Dabei war für Thilenius eindeutig, dass zwar der vorherige Sprachunterricht ohne Demonstrationsobjekte ausgekommen war, aber die um die Kultur erweiterten Lehrinhalte ausschließlich mithilfe von Dingen vermittelt werden konnten. Kultur entsprach also auch hier vermeintlich den materiellen Erzeugnissen einer Gesellschaft.[279]

Vorstellungen von Kulturkreisen, überlegenen Völkern und zivilisatorischen Missionen, die im Museum zwar omnipräsent waren, aber nicht explizit dargestellt wurden, entstanden maßgeblich auch im Austausch untereinander. Vor allem innerhalb Deutschlands unterhielt das Hamburger Museum einen regen Austausch mit anderen Museen, Ethnologen, Forschungsreisenden und Privatsammlern. Hier finden sich immer wieder explizite Forderungen oder Ansprüche des Museums für Völkerkunde bzw. meist direkt von Thilenius, in denen die zu sam-

[276] Vgl. Hall: Der Westen, S. 142f.

[277] Zu den weiteren Aktivitäten der Geographischen Gesellschaft s. Heiko Möhle: Kolonialwissenschaften und Standortpolitik. Eine lebendige Beziehung, in: Ders.: Branntwein, S. 101–106.

[278] Ruppenthal: Kolonialismus, S. 11, 71.

[279] Thilenius: Das hamburgische Museum, S. 15.

melnden Objekte genauer definiert werden oder die Bestimmung ihrer Herkunft ausdrücklich eingefordert wird. Da sich die Ansichten der Beschäftigten des Hamburger Museums einerseits durch persönliche und professionelle Netzwerke an verschiedenen Stellen niederschlugen und andererseits vor allem die Hamburger Ausstellungen prägten, wird im Folgenden untersucht, wie mit verschiedenen Ansprechpartnern über Aspekte der Echtheit und »Herkunftsauthentizität« verhandelt wurde.[280] Ohne eine immanente Objektbedeutung wurden so die Gegenstände der Museen mit Sinn belegt, der ihnen durch unterschiedlichste Aushandlungsprozesse zugeschrieben wurde: »Gefäßen gleich sind Dinge in der Lage, Bedeutungen zu ›beinhalten‹, sich dieser wieder zu entledigen und neue Inhalte aufzunehmen, ohne dabei selbst ihre Form zu verändern.«[281]

Eine auf die äußere Form der Objekte bezogene ästhetische Authentizität nimmt vor allem Bezug auf äußere Merkmale, die ausgehandelten Konventionen entsprechen und so einer bestimmten Strömung oder Schule zuzurechnen sind, oder Merkmale, die aufgrund ihrer Einzigartigkeit die Autorenschaft eines Künstlers oder einer Künstlerin belegen. Dabei können ästhetische Merkmale auch dazu dienen, eine kulturelle Authentizität zu verbürgen. Auf dieser Ebene wird Objekten, aber auch Personen eine echte Repräsentation einer bestimmten Kultur zugesprochen. Gleichzeitig kann diese Zuschreibung sowohl innerhalb als auch außerhalb der eigenen Kulturgruppe vorgenommen werden. Im kolonialen Kontext geht es hier meist um die Festlegung kultureller Authentizität von Seiten der Kolonisierenden, die Objekten und Personen eine echte Repräsentation der kolonisierten Kulturen jeweils zu- oder absprechen.[282]

Konkrete Anwendung fand die Kategorie der Authentizität im Völkerkundemuseum zu Beginn des 20. Jahrhunderts zum einen in der Auswahl und Akquise der Objekte für die Ausstellung sowie die Schausammlung des Hamburger Hauses. Zum anderen hing die Auswahl und Anerkennung der Sammelnden eng mit ihrer Glaubwürdigkeit und der Authentizität der von ihnen angebotenen Stücke zusam-

280 Allein Thilenius war unter anderem Herausgeber der Zeitschrift »Archiv der Anthropologie«, Generalsekretär der Deutschen Anthropologischen Gesellschaft sowie Mitherausgeber der Zeitschrift der Gesellschaft und des Correspondenzblatts der Deutschen Gesellschaft für Anthropologie, Ethnologie und Urgeschichte. Vgl. Laukötter: Von der »Kultur«, S. 52.

281 Laube: Von der Reliquie, S. 5.

282 Crew/Sims: Locating Authenticity, S. 163.

men, so dass sich hier ein weiterer Anwendungsbereich der Echtheit zeigt.

4.1 Wie sammelt man echte Objekte?

Besonders zentral war die Frage nach der Echtheit der Dinge während der unterschiedlichen Stufen des Sammlungsprozesses. Wenn die Echtheit während des Einsammelns, Transfers und Einpflegens in die eigene Sammlung ausreichend belegt werden konnte, waren die Gegenstände mit ihrer Autorität in der Lage, die ausgestellten Erzählungen zu bestätigen.

Die Wahrnehmung der Besuchenden wurde in der jeweiligen Ausstellung immer auch davon bestimmt, wie und in welchem Umfang verschiedene Rezeptionswege angeboten wurden bzw. eine »Blickrichtung« vorgegeben und so bereits eine Interpretation mitgeliefert wurde.[283] Schon die spezielle Inszenierung der Museumsdinge wies sie, gesellschaftlichen Sehkonventionen gemäß, als etwas Besonderes und Echtes aus. Die Kombination aus geschützter Ausstellung, Lichteinsatz, Anordnung und passendem Hintergrund kennzeichnete sie für das Publikum als einzigartige Gegenstände.[284] Entsprechend etablierte sich um die Jahrhundertwende das Sehen als gängige Methode der Inhaltsvermittlung, die »Betonung des Blickes als Erkenntnis-Sinn« in der zunehmenden Anzahl völkerkundlicher Museen trainierte das Publikum, die visuell dargestellten Kulturen und vermeintlichen Unterschiede entsprechend aufzunehmen.[285] Mit dem Einüben dieser Form der Aneignung ging auch die Institutionalisierung der Dichotomie »Wir« und »die Anderen« einher, indem an vorherige Seh-Erlebnisse wie die der Völkerschauen oder Kuriositätenshows angeknüpft wurde.[286] Dabei wurde auf stereotype Vorstellungen Bezug genommen, die teilweise bereits im 18. Jahrhundert im deutschsprachigen Raum existierten.[287] Ähnlich wie im Fall mittelalterlicher Reliquiare, durchliefen die Besuchenden um die Jahrhundertwende einen »Prozess des Sehen-

[283] Karp: Culture and Representation, S. 13.

[284] Burmeister: Der schöne Schein, S. 104.

[285] Laukötter: Gefühle, S. 25.

[286] Laukötter: Das Völkerkundemuseum, S. 238.

[287] Cordula Grewe: Between Art, Artifact, and Attraction. The Ethnographic Object and its Appropriation in Western Culture, in: Dies. (Hrsg.): Die Schau des Fremden. Ausstellungskonzepte zwischen Kunst, Kommerz und Wissenschaft,

lernens«, der sie auf die Aufnahme und Interpretation des zu Sehenden vorbereitete.[288] Um das interessierte Publikum nicht in die Irre zu führen, legte Thilenius besonderen Wert darauf, dass Nachbildungen unbedingt »sicher und dauerhaft gekennzeichnet werden«,[289] und so der Vorwurf einer Täuschung oder gar Fälschung nicht erhoben werden konnte. Zu diesem Zweck wurden die vorhandenen Repliken mit nicht abwaschbaren Kennzeichnungen versehen, um auch nachfolgende Generationen von Museumsmitarbeitenden vor einer Verwechslung zu bewahren.

Bereits ab den 1850er-Jahren wurden sowohl für private als auch herrschaftliche Sammlungen vermehrt Privatreisende angehalten, von ihren jeweiligen Besuchen Objekte mitzubringen. Teilweise wurden diese Reisenden mit entsprechenden Anleitungen zur Sammlung der Gegenstände, aber auch den benötigten Informationen über bereiste Gebiete und dort lebende Menschen ausgestattet. Ab dem Beginn des 20. Jahrhunderts verwendete auch der Hamburger Museumsdirektor Thilenius die »Anleitung zum ethnologischen Beobachten und Sammeln«[290] seines Berliner Kollegen von Luschan. Bezug nehmend auf die unterstützenden Reisenden heißt es im allgemeinen Vorwort der Neuauflage dieses Fragenkatalogs zur Sammlung dann auch »Mehr als eine andere Wissenschaft ist die Ethnologie auf die Unterstützung und die Mitarbeit von Laien angewiesen.«[291] Diese Anleitung wurde von den meisten deutschen Völkerkundemuseen verwendet und konnte über den Verband deutscher Museen für Völkerkunde bezogen werden. So bestellte auch das Hamburger Völkerkundemuseum am 4. April 1914 fünfzig Exemplare der Sammelanleitung, die am 3. Juni 1914 geliefert wurden.[292] Auch Thilenius selbst empfahl in seiner Korrespondenz Rat suchenden Reisenden diese Anleitung als die hilfreichste für das wissenschaftliche Beobachten in fremden Gebieten.[293]

Häufig scheiterte die Umsetzung der Sammlungsanleitung dann

(Transatlantische Historische Studien, Bd. 26), Stuttgart 2006, S. 9–44, hier: S. 12.

288 Diedrichs: Vom Glauben, S. 175. Eine umfassende Geschichte des Sehens steht allerdings noch aus, S. 230.

289 Thilenius: Das hamburgische Museum, S. 72.

290 Luschan/Ankermann: Anleitung.

291 Luschan/Ankermann: Anleitung, S. 7.

292 MV 101–1, Nr. 78.

293 So z.B. noch 1919 in einem Brief an einen Arnold Schultze, der um Rat für seine Reise nach Südamerika bat, in: MV 101–1, Nr. 6.

allerdings an den vorgefundenen Gegebenheiten in den »besammelten« Gebieten: Der Zustand der Transportmittel sowie der Reisenden und der Mannschaft, die politische Situation des bereisten Gebiets und der Verlauf der Begegnungen mit der dortigen Bevölkerung waren nur einige der Faktoren, die auch die Sammelergebnisse enorm beeinflussten.[294]

Sowohl beim Sammeln als auch beim Ausstellen kam hinzu, dass Sammelnde und Ausstellende jeweils ein »kulturelles Training« im Betrachten und Beurteilen von Objekten mitbrachten. Ihr Blick und damit auch ihre Interpretation von Gegenständen waren geprägt durch Vorstellungen von materiellen Gütern, die eine westlich-kapitalistische Sozialisation bedingt.[295] Zugrunde lag dabei immer die Prägung durch ein Handelssystem, das durch eine Geldwährung und den Austausch von Waren dominiert wurde.[296] Dass sich die betrachteten Gegenstände möglicherweise gar nicht in das Konzept von persönlichem Eigentum oder materiellem Gegenwert einfügten, wurde ausgeblendet, und so mithilfe der eigenen Wertvorstellungen und Objektbetrachtung eine Auswahl der zu sammelnden Objekte getroffen.

Dabei wurde bereits beim Sammeln wichtig, was später auch im Museum dargestellt werden sollte: »What the museum registers is visual distinction, not necessarily cultural significance.«[297] Obwohl optische Auffälligkeit die kulturelle Bedeutsamkeit eines Objekts nicht ausschließt, konnten die Sammelnden lediglich aufgrund erster Eindrücke und schneller Beobachtungen die mitzunehmenden Dinge auswählen. Dabei verschob sich der Fokus bei der Objektsammlung vom 18. zum 19. Jahrhundert: Wurden zunächst außergewöhnliche Gegenstände gesammelt, die Ausnahmen bildeten und das »Unnormale« darstellten, wanderte das Sammelinteresse besonders in Bezug auf außereuropäische Kulturen zum Alltäglichen, das vermeintlich Normale sollte gesammelt und ausgestellt werden.[298] So fragte der vermutlich in den 1910er-Jahren verwendete »Fragebogen II« des Völkerkundemuseums in Hamburg nach alltäglichen Aspekten des beobachteten Lebens, um zu erfahren, wie Menschen in den Kolonien lebten.[299] Dabei wurden

[294] Hog: Ethnologie und Öffentlichkeit, S. 56.
[295] Karp: Culture and Representation, S. 20.
[296] Hall: Der Westen, S. 163.
[297] Alpers: The Museum, S. 30.
[298] Kirshenblatt-Gimblett: Objects of Ethnography, S. 392.
[299] Beide Fragebögen sind in den Aufzeichnungen des Museums undatiert, entstammen aber Beständen, die Vorgänge ab 1911 dokumentieren.

kleinschrittig unterschiedlichste Bereiche des Alltags abgefragt; in Bezug auf Essgewohnheiten beispielsweise hieß es »Gibt es einen Herd, wo steht er?« oder schlicht »Gibt es Suppe?«[300] Diese Beobachtungen dienten zunächst der wissenschaftlichen Erforschung außereuropäischer Gesellschaften. Gleichzeitig konnten solche Details auch dem Ausstellungsnarrativ dienen: Indem Begriffe und Konzepte europäischer Kulturen verwendet wurden, konnten einerseits Ähnlichkeiten aufgezeigt werden, um die Distanz zu verringern, wie z.B. dass auch in anderen Teilen der Erde Suppe gegessen wurde. Andererseits konnten wiederum fundamentale Unterschiede konstruiert werden, wenn sich z.B. herausstellte, dass eben keine Suppe gegessen wurde oder kein Herd vorhanden war.

Auch im Vorwort der Berliner Anleitung von Luschans und Ankermanns wurden Alltagsgegenstände für die vollständige Sammlung einer Kultur gefordert und abschließend noch einmal zusammengefasst: »Was soll gesammelt werden? Kurz gesagt: alles, was die Eingeborenen selbst anfertigen und gebrauchen.«[301] Dort, wo nicht genügend alltägliche Dinge gesammelt werden konnten, griff das Hamburger Museum dann unter anderem auf Fotografien zurück, um wenigstens optisch den Eindruck einer allumfassenden Kulturdarstellung herstellen zu können.[302] Im exzessiven Sammeln materieller Dinge kam auch eine unausgesprochene Einteilung von »Kultur« in Materielles und Immaterielles zum Tragen. Während immaterielle Güter wie Sprache und Text als höherwertig oder »kultivierter« verstanden wurden, galten Gegenstände als vermeintlich primitivere Ausdrucksformen der Kultur.[303]

Während Georg Thilenius am internationalen Ruf und der nationalen Konkurrenzfähigkeit des Hamburger Museums arbeitete, vergrößerte sich die Sammlung unter seiner Leitung enorm.[304] Dabei spielte auch die Abgrenzung der relativ jungen Völkerkunde von anderen Wissenschaften eine Rolle für die Legitimation des Museums und nicht zuletzt auch Thilenius' eigener Position. Entsprechend konnten umfangreiche, möglichst einzigartige Sammlungen auch das Gewicht der eigenen Position erhöhen und so weitere finanzielle und politische Unterstützung

300 Fragebogen II, in: MV 101–1, Nr. 6.

301 Luschan/Ankermann: Anleitung, S. 8f.

302 Z.B. 1905 bei der Sammlung von Dingen aus Ostafrika, als am 5. Juni 31 Fotografien angekauft wurden, in: MV 101–1, Nr. 769.

303 Hahn: Materielle Kultur, S. 10.

304 Laukötter: Von der »Kultur«, S. 51; Wulf Köpke/Bernd Schmelz: Hamburgs Tor zur Welt. 125 Jahre Museum für Völkerkunde Hamburg, Hamburg 2004, S. 40.

sichern. Dabei entstanden Beurteilungen, Schätzungen und Gutachten über Objekte oder menschliche Überreste vielfach im Austausch mit anderen Instituten und Wissenschaftlern. So wie das Hamburger Museum Expertenmeinungen einholte, wurden auch die Angestellten in externen Anfragen häufig um Rat gebeten. So wurde beispielsweise der ehemalige Teilnehmer der Südsee-Expedition und spätere Abteilungsvorsteher des Museums, Paul Hambruch, 1914 um ein Gutachten zur »Echtheit und Preiswürdigkeit« [305] einiger Schädel aus Peru, Ostafrika und Tansania gebeten, die der »Irrenanstalt Friedrichsberg«[306] zum Kauf angeboten wurden.

Völkerkundliche Sammlungen erfuhren durch die Betonung des Alltags auch eine anscheinende Verwissenschaftlichung: Die sensationslüsterne Ausstellung von kuriosen Einzelfällen sollte abgelöst werden durch die systematische, durch wissenschaftliche Erkenntnisse gestützte Sammeltätigkeit, die der Bildung und Ausbildung sowohl von neuen Wissenschaftlern als auch der Öffentlichkeit zugutekommen sollten. Das Hamburger Museum bemühte sich mit einigen Schwierigkeiten darum, seine Sammelnden davon abzuhalten, vor allem optisch auffällige Dinge mitzubringen und stattdessen Alltägliches zu sammeln. 1907 beklagte sich beispielsweise Thilenius über fehlende Alltagsgegenstände aus Japan[307] und noch 1913 bezeichnete der damalige Abteilungsvorsteher und frühere Teilnehmer der Südsee-Expedition Otto Reche (1879–1966), der 1907 die Anthropologische Abteilung übernahm, die Sammlung von vor allem außergewöhnlichen Dingen als häufiges Problem.[308] Teilweise kündigte Thilenius bereits vor der Sammlung an, lediglich Gebrauchsgegenstände anzukaufen, sodass die Sammelnden die unerwünschten Dinge ohne Verkaufsoption importieren würden. Im Zuge der vermeintlichen Verwissenschaftlichung durch größere Sammlungen erhöhte sich auch die Autorität, mit der den Objekten ihre Aussagekraft zugesprochen wurde: Die angeblich objektiven Untersuchungen der Wissenschaft waren in der Lage, definitive Aussagen über die ausgestellten Kulturen zu treffen, die mithilfe der Objekte dann bewiesen wurden.[309] Das Völkerkundemuseum reihte sich hier in die gesamtstädtische Entwicklung der Museumslandschaft ein. Gegen Ende des 19. Jahrhunderts wurden sowohl Verwaltung als

[305] Schreiben vom Februar 1914, in: MV 101–1, Nr. 962.
[306] Ebd.
[307] MV 101–1, Nr. 79.
[308] MV 101–1, Nr. 77.
[309] Kirshenblatt-Gimblett: Objects of Ethnography, S. 395.

auch Ausstellungskonzeptionen professionalisiert,[310] um unter anderem die Hamburger Kunsthalle zu einer ernstzunehmenden Institution mit internationaler Bekanntheit zu machen.[311]

Für Thilenius und seine Zeitgenossen beinhaltete »Wissenschaft« immer einen hohen deskriptiven Anteil, auf dessen Basis dann Leitsätze und Annahmen formuliert werden konnten.[312] Daher waren die erwähnten Anleitungen für das gezielte Sammeln von Objekten und Informationen unverzichtbar, um eine zuverlässige und umfangreiche Datenbasis für die eigene Forschung zu generieren. Entsprechend gab das Hamburger Museum Anleitungen und Forderungen an Reisende und Forschende aus, die sicherstellen sollten, dass »richtige« Dinge und Begleitinformationen gesammelt wurden. »Für die Feldforscher, die für die Völkerkundemuseen arbeiteten, bedeutete die koloniale Situation bessere Arbeitsbedingungen, was auch hieß, rücksichtsloser auf völkerkundliche Gegenstände zugreifen zu können.«[313] Besitzverhältnisse oder religiöse Bedeutung von Gegenständen spielten im Sammlungsverlauf nur insofern eine Rolle, als dass es sie »richtig« zu dokumentieren galt, Rücksicht auf Besitzende oder gesellschaftliche Zusammenhänge wurde nicht genommen.

Zu Beginn der systematischen Sammlungsvergrößerung am Anfang des 20. Jahrhunderts kaufte das Museum für Völkerkunde in Hamburg zunächst gezielt bestimmte Objekte an, die auch in den Rechnungsaufzeichnungen explizit mit dem jeweils gezahlten Preis genannt wurden. Gleichzeitig wurde den jeweiligen Rechnungen eine Zugangsnummer der angekauften Dinge angehängt, so dass diese eindeutig zugeordnet und systematisch verzeichnet werden konnten.[314] Am 29. September 1903 wurden beispielsweise 8 Mark für »2 Meißel und Tiefland Gestein aus Hohnebostel bei Celle in Hannover«[315] ausgegeben. Ab 1904 stieg die Anzahl der pro Transaktion angekauften Gegenstände an und die Reisenden oder Händler begannen gezielt Objekte für Massenver-

[310] Hierbei beschränkten sich die Konzepte zunächst meist auf die Einteilung in Kontinente oder Regionen, wurden dann in den Jahren ab 1912 aber differenzierter ausgestaltet um Gemeinsamkeiten und Unterschieden der ausgestellten »Kulturgruppen« aufzuzeigen. Zur Diskussion um die Einteilung der Sammlungen s. Thilenius: Das hamburgische Museum, S. 57ff.

[311] Beckert: Die Kultur, S. 164.

[312] Laukötter: Von der »Kultur«, S. 29.

[313] Laukötter: Von der »Kultur«, S. 45.

[314] MV 101–1, Nr. 1296.

[315] Rechnung vom 29. September 1903, Ebd.

käufe anzubieten. Die zuvor eher zufällig mitgebrachten Dinge wurden nun anscheinend systematisch für den Weiterverkauf in Europa eingeschifft. So kaufte das Museum unter anderem im September 1904 35 Gegenstände aus dem damaligen Deutsch-Ostafrika und im Dezember 80 Stücke aus Südafrika an. Trotz der ansteigenden Ankaufszahlen der jeweiligen Transaktionen wurden hier die einzelnen Objekte noch aufgeführt, so genau wie möglich bezeichnet und mit Herkunftsangaben versehen. 1905 dagegen stiegen die Zahlen der auf den Kaufbelegen angegebenen Dinge noch weiter an und ganze Sammlungen wurden angekauft. Die enthaltenen Gegenstände tauchen in den Rechnungen dann als Konvolute mit Bezeichnungen wie »Beninsachen«, »Herero-u. Ovambo Sachen« oder »Kongosachen« auf. Hier wird deutlich, wie der nationale und internationale Konkurrenzkampf auch das Sammlungsverhalten unter Thilenius dominierte. Zum einen sollte mithilfe dieser umfangreichen Sammlungen möglichst umfangreiches Wissen generiert werden, zum anderen sollte die eigene Sammlung unvergleichlich bleiben. Darüber hinaus beabsichtigte man durch schnelle Sammlung anderen Institutionen die Möglichkeit zu nehmen, Gegenstände der gleichen Art anzukaufen. Bereits ab dem 18. Jahrhundert hatten Massensammlungen zugenommen, die weniger auf die exakte Auswahl der Objekte als auf ihre Anzahl ausgelegt waren und damit vermehrt auch Alltags- und Gebrauchsgegenstände neben den bisher im Fokus stehenden Besonderheiten aufnahmen.[316] Bereits 1700 zeugte die Konstituierung der Königlich-Preußischen Akademie der Wissenschaften nach dem Beispiel der Royal Society von einem hohen Konkurrenzbewusstsein; das erfolgreiche Britische Imperium und seine wissenschaftlichen Gesellschaften wurden hier zum Vorbild genommen, in der Hoffnung, ähnliche Erfolge zu erzielen.[317]

Auch die vertraglichen Modalitäten der Südsee-Expedition spiegelten 1908 diese Konkurrenz wider. So hieß es unter Punkt vier der Verträge aller Teilnehmenden: »Den Teilnehmern ist die Anlegung irgendwelcher privater Sammlungen oder wissenschaftlicher Notizen, Tagebücher, Tabellen usw. innerhalb des Arbeitsgebietes der Expedition untersagt.«[318] Jegliche Aufzeichnungen, gesammelten Dinge und Aufnahmen sollten in den Besitz der Wissenschaftlichen Stiftung

[316] Heesen/Spary: Sammeln, S. 15.

[317] Hog: Ethnologie und Öffentlichkeit, S. 68.

[318] Vertrag betreffend Teilnahme an der Südsee-Expedition der Hamburgischen Wissenschaftlichen Stiftung, Punkt 4, in: MV 101–1, Nr. 1049.

übergehen, um so die Ergebnisse der Expedition exklusiv in Hamburg nutzen und vermarkten zu können. In seinen Notizen zur Möglichkeit einer weiteren Kolonialausstellung im Jahre 1916 notierte Thilenius im Januar 1914: »Wieweit beteiligt sich Berlin? Neben Berlin kommt Hbg nicht auf, stellt Berlin nicht aus, so kann Hbg genug Nettes bieten.« Um die Konkurrenz zu überbieten kam er dann zu einem klaren Fazit: »Geld Nötig!«[319] Anlass für die Konkurrenz mit Berlin im Besonderen war der sogenannte Bundesratsbeschluss aus dem Jahr 1888, demzufolge alle Dinge, die in Kolonialgebieten von deutschen Beamten gesammelt wurden, in die Sammlung des Berliner Völkerkundemuseums abgegeben werden mussten,[320] sodass das Hamburger Museum umso mehr außerstaatliche Sammlungswege zu etablieren suchte.

Insgesamt verdreifachte sich die Menge eingehender Objekte im Hamburger Museum von 1063 Stücken 1904 auf 3617 zwei Jahre später.[321] Dabei spielte auch die zunehmende Finanzierung aus öffentlichen Mitteln für Kulturinstitutionen in der Hansestadt eine Rolle, die zu Beginn des 20. Jahrhunderts ihren Höhepunkt erreichte.[322] Ob die Mitarbeitenden des Museums dabei einen Überblick über die eingehenden Gegenstände behalten konnten, ist fraglich. Allein die 1905 von Leo Frobenius (1873–1938)[323] aus seiner Expedition angekauften »Kongosachen« umfassten den Aufzeichnungen zufolge »ca. 1911 Stück insgesamt«[324] – weder ist die Gesamtanzahl eindeutig verzeichnet, noch scheint es möglich, über solch ein Konvolut übersichtlich Buch zu führen oder das oben beschriebene Eingangsverfahren bei einer solchen Anzahl systematisch durchzuführen, ohne dabei den gesamten Museumsbetrieb zu behindern. Im Fall der von Frobenius gesammelten Dinge lag im Gegensatz zur üblichen Praktik des Museums vor Antritt der Expedition bereits eine Kaufvereinbarung vor, in der sich das Hamburger Museum verpflichtete, die gesammelten Objekte sowie Fotografien, Skizzen und Aufzeichnungen anzukaufen.[325]

Deutlich wird die ungeordnete Eingangssituation der Objekte auch an einem Beispiel aus dem Jahr 1908. In einer Rechnung heißt es ledig-

319 Aufzeichnungen von Georg Thilenius, 13. Januar 1914, in: MV 101–1, Nr. 1508.

320 Penny: Objects of Culture, S. 113.

321 Laukötter: Von der »Kultur«, S. 165.

322 Beckert: Die Kultur, S. 145.

323 Zu Leo Frobenius als Ethnologen und Sammler s. Karl-Heinz Kohl: Leo Frobenius und sein Frankfurter Institut, in: Zimmerer: Kein Platz, S. 387–405.

324 MV 101–1, Nr. 15.

325 Zwernemann: Die ersten 112 Jahre, S. 77.

lich, es seien 54 Mark »für eine ethnographische Sammlung aus Afrika und der Südsee« bezahlt worden, eine genaue Anzahl oder Bezeichnung der Dinge ist nicht vermerkt.[326] Mit Bleistift wurde dann zu einem späteren Zeitpunkt noch versucht, die eingegangenen Stücke zuzuordnen: »Aimu (1121), Ceylon (1098), Basthen (1099)?« Eindeutig zugeordnet werden konnten die Gegenstände offenbar nicht mehr, dennoch war anscheinend im Lauf der Sammlungsgeschichte die Herkunft nachgefragt worden. Darüber hinaus mussten in besonders schwierigen Fällen weitere externe Institute hinzugezogen werden, um stark verschmutzte Dinge zu reinigen oder überhaupt zu identifizieren. 1917 beispielsweise bat der Museumsdirektor den Chemiker Prof. Voigtland am chemischen Staatslaboratorium in Hamburg, besonders verrußte Bilder aus Tibet möglichst schonend zu reinigen, damit erste Details der Gemälde erkannt werden könnten.[327]

Ab 1914 finden sich in den Rechnungsakten des Museums neben reinen Ankäufen von Objekten auch zunehmend Rechnungen über Transportkosten der angekauften Gegenstände nach Europa. Dabei wurden die einzelnen Etappen der Reise teilweise akribisch abgerechnet, wie z.B. im April 1914: »Eisenbahnfracht von Chartoum nach Port-Sudan Dampfer, Fracht von Port Sudan nach Hamburg incl. Löschungsspesen, Rollgelder etc.«[328] führte eine besonders exakte Aufstellung an. Entsprechend waren die Sammlungsstücke nicht mehr nur zufällige Mitbringsel der Reisenden, sondern wurden gezielt im Auftrag des Museums gesammelt, welches dann auch entsprechend die Kosten des Imports trug, während diese zusammen mit dem Risiko des Transports zuvor von den Händlern selbst getragen worden waren.

Anhand von Thilenius' Briefwechseln mit Sammelnden und Handelnden wird deutlich, dass der Direktor sehr genau zwischen Gegenständen und Informationen unterschied, die richtig gesammelt worden waren und darum in sein Museum aufgenommen werden sollten, und denen, für die das nicht zutraf oder die seiner Meinung nach nicht echt waren und daher nicht zur Unterstützung der wissenschaftlichen Bemühungen des Instituts dienen konnten. Neben der Expertise in seinem eigenen Haus holte er mitunter mehrere weitere Gutachten ein, um die belegbare Echtheit sicherzustellen. Dabei bezogen sich diese

[326] Rechnung von Frau Müller-Deicke, 9. Juli 1908, in: MV 101–1, Nr. 1295.
[327] Thilenius an Voigtland, 20. April 1917, in: MV 101–1, Nr. 317.
[328] Rechnung vom 24. April 1914, in: MV 101–1, Nr. 1018.

Gutachten unter anderem auf visuelle Merkmale, die externe Gutachter auf Fotografien überprüften.[329]

Im Sammlungsverhalten des Hamburger Museums zeichnete sich auch eine generelle Tendenz in der Entwicklung ethnografischer Museen ab: Ab der Jahrhundertwende wurden staatliche Zuwendungen und die Förderung von Expeditionen deutlich erhöht, sodass sowohl der Ankauf von Sammlungsgegenständen als auch gezieltes Sammeln auf eigens ausgesandten Expeditionen in größerem Rahmen betrieben werden konnten.[330] Damit war das Museum ein entscheidender Teil der Institutionalisierung eines »Sammeltriebs«,[331] der sich zuvor auf privater Ebene in Sammlungen und Sammelsurien niedergeschlagen hatte und nun systematisiert wie auch verwissenschaftlicht wurde.

4.2 Schlechte Sammler und schwarze Listen

Um den steigenden Bedarf an Dingen aus anderen Teilen der Welt zu decken, waren Museen, Universitäten und wissenschaftliche Einrichtungen auf unterschiedliche Wege der Objektaneignung angewiesen. Längst nicht alle Sammlungen konnten von museumseigenem Personal vorgenommen werden. Von entsprechend großer Bedeutung war für den Sammlungsaufbau also die Glaubwürdigkeit der externen Sammelnden, die möglichst genau überprüft wurde.

Anders als in neueren Interpretationen des Museums als Forum mit einer Austauschfunktion, fungierten die Völkerkundemuseen des frühen 20. Jahrhunderts eindeutig als »Tempel«, in denen produziertes Wissen unhinterfragt konsumiert werden konnte.[332] Inhalte sollten dort nicht verhandelt werden, sondern eine definitive Wirklichkeit sollte ausgestellt werden, die ehrfürchtig besichtigt und verinnerlicht werden konnte. Um diese Deutungshoheit glaubwürdig zu vertreten, war es für das Völkerkundemuseum essentiell, die Herkunft der Ausstellungsstücke und ihre Echtheit nachweisen zu können, um einen tadellosen Ruf zu wahren. Auch durch das erhöhte Publikumsaufkommen war es für das Museum zu Beginn des 20. Jahrhunderts wichti-

329 So z.B. in Bezug auf ein angeblich von den Osterinseln stammendes Stück noch 1935, in: MV 101–1, Nr. 495.

330 Laukötter: Von der »Kultur«, S. 34.

331 Putnam: Art, S. 12.

332 Karp/Lavine: Introduction, S. 3.

ger denn je, die ausgestellten Inhalte allen Betrachtenden überzeugend vermitteln zu können. Einerseits stellten die Ausstellungen mit ihrem wissenschaftlichen Anspruch auch gestiegene Anforderungen an die Betrachtenden, deren Interesse über die ästhetische Betrachtung der Dinge hinaus gehalten werden sollte. Andererseits bot sich so die Möglichkeit, Ausstellungen gezielter auf bestimmte Ansprüche des Publikums auszurichten, da mit steigenden Zahlen überhaupt erst bestimmte Typen von Besuchenden ausgemacht werden konnten.[333] Anders als für den Grundstock ihrer Sammlungen aus den ethnographischen Sammlungen der Stadtbibliothek und des Naturwissenschaftlichen Vereins konnten die Museumsmitarbeitenden in Hamburg in der Phase des aktiven Sammlungsaufbaus im ersten Viertel des 20. Jahrhunderts die eingehenden Objekte und die ihnen beigefügten Aufzeichnungen im Vorfeld beeinflussen und auswählen.[334] Dabei bediente sich das Museum der typischen Beschaffungswege ethnologischer Objekte um die Jahrhundertwende: Neben privaten Sammelnden und Reisenden kauften sie auch Dinge von unterschiedlichen Handelshäusern an und richteten selbst Forschungs- und Sammlungsexpeditionen aus.[335]

Häufig übernahmen Handelsreisende Aufgaben für das Hamburger Museum und verbanden ihre geschäftlichen Tätigkeiten mit gezielten Ankäufen. So auch der Händler Julius Konietzko, der durch den Ethnologen Prof. Karl Weule (1864–1926)[336] ausgebildet worden war und häufig mit Vorschusszahlungen Sammlungsaufträge des Völkerkundemuseums ausführte.[337] Zusätzlich sprach das Hamburger Museum im Jahr 1914 gegenüber einem Vertreter der General-Verwaltung der Königlichen Museen in Berlin eine eindeutige Empfehlung über die Zuverlässigkeit Konietzkos und seiner Herkunftsangaben aus. Seine Forschungsreisen hätten in der Vergangenheit bei relativ geringen Kosten gute Sammlungsergebnisse erzielt und auch seine zusätzlichen

333 Thilenius: Das hamburgische Museum, S. 58f.

334 Ruppenthal: Kolonialismus, S 94.

335 Laukötter: Das Völkerkundemuseum, S. 240.

336 Weule leitete zwischen 1907 und 1926 das Leipziger Völkerkundemuseum und hatte ab 1920 den Lehrstuhl für Völkerkunde und Urgeschichte inne, vgl. Laukötter: Von der »Kultur«, S. 321. Zum Verhältnis von Weule und Thilenius s.a. Anja Laukötter: Karl Weule, Georg Thilenius und ihr Untersuchungsgegenstand. Das Leipziger und das Hamburger Museum für Völkerkunde im beginnenden 20. Jahrhundert, in: Wulf Köpke/Bernd Schmelz (Hrsg.): Die ersten 112 Jahre. Das Museum für Völkerkunde Hamburg, (Mitteilungen aus dem Museum für Völkerkunde Hamburg, NF Bd. 35, Hamburg 2004, S. 281–304.

337 Zwernemann: Die ersten 112 Jahre, S. 91.

Aufzeichnungen zu den Gegenständen seien so zuverlässig, wie eben möglich.[338] Mit der Anerkennung der Zuverlässigkeit des Händlers ging also auch die Anerkennung der Echtheit seiner angebotenen Objekte einher. Die Tatsache, dass die Reisenden und Sammelnden selbst vor Ort gewesen waren, verlieh ihnen bereits Autorität über die außereuropäischen Dinge zu urteilen – sie hatten ihren Ursprungskontext nicht nur selbst gesehen, sondern durch ihre vielfältigen Reisen auch den kulturellen Hintergrund der importierten Dinge durchdrungen.[339]

Im Verlauf der vielschichtigen Sammlungsaktivitäten unterhielt das Hamburger Museum Kontakte zu diversen politischen wie wirtschaftlichen Kolonialakteuren innerhalb und außerhalb der Hansestadt. Das Handelshaus O'Swald in Ostafrika[340] und die Naturalienhandlung Johann Friedrich Gustav Umlauff ließen von ihren Vertretern ethnografische Objekte sammeln und boten sie dem Museum zum Kauf an; Alfred Beit, wohlhabender Kolonialkaufmann und enger Freund des britischen Kaufmanns und Kolonialbefürworters Cecil Rhodes, steuerte ebenfalls Gegenstände aus Afrika bei,[341] und auch die Ethnologen von Luschan und Frobenius gaben Teile ihrer Expeditionssammlungen nach Hamburg ab.[342] Teile der 1885 aufgelösten Sammlung des Handelshauses Godeffroy, das vor allem Stützpunkte in Mikronesien und Melanesien unterhalten hatte, gingen ebenfalls im Sammlungsgrundstock des Museums auf, wobei der größte Teil dieser Dinge an das Leipziger Museum verkauft wurde.[343] Darüber hinaus förderte die spätere Dr. W. M. Godeffroy-Stiftung tatkräftig den Sammlungsausbau des Museums mit Schenkungen.[344] Auch die wohlhabende Bankiersfamilie Warburg beteiligte sich politisch und wirtschaftlich an den Bemühungen um ein Völkerkundemuseum für Hamburg[345] und die Schiff-

338 Brief an Prof. Dr. K. Brunner, General-Verwaltung der Königlichen Museen, Kgl. Sammlung für deutsche Volkskunde, Berlin, 9. Februar 1914, in: MV 101–1, Nr. 1918.

339 Fiedler: Zwischen Abenteuer, S. 228.

340 Thilenius: Das hamburgische Museum, S. 14.

341 Thilenius: Das hamburgische Museum, S. 13; Ruppenthal: Kolonialismus, S. 97, zu Beit selbst siehe auch den Eintrag »Alfred Beit« von Johannes Gerhardt, in: Ders.: Die Begründer der Hamburgischen Wissenschaftlichen Stiftung, (Mäzene für Wissenschaft, hrsg. von Ekkehard Nümann), Hamburg 2007, S. 30.

342 S. Rechnungen in: MV 101–1, Nr. 15.

343 Ruppenthal: Kolonialismus, S. 95; zur Vorstellungswelt der »Südsee« im deutschen Kolonialdiskurs siehe Reinhardt Wendt: Die Südsee, in: Zimmerer: Kein Platz, S. 41–55.

344 Thilenius: Das hamburgische Museum, S. 14.

345 Hier vor allem Prof. Aby Warburg, der unter anderem Mitglied der Kommission

fahrtsgesellschaft Woermann bemühte sich ebenfalls, ihre Angestellten mithilfe der ethnologischen Forschungen des Museums auszubilden und im Gegenzug Berichte und Objekte zu liefern. Dadurch bezog das Museum einen Teil seiner Gegenstände nicht unbedingt aus den formal deutscher Herrschaft unterstellten Gebieten, sondern aus solchen, die informell durch intensive Handelstätigkeiten deutscher Reisender sowie durch Handelnde und Sammelnde dominiert wurden.[346] 1914 befand sich gut ein Drittel der Weltbevölkerung unter kolonialer Herrschaft, was das Ausmaß der Sammlungsbiete entsprechend erweiterte.[347]

Auch vor der Phase formaler Kolonialherrschaft durch das Deutsche Reich waren Kaufleute, Handelstreibende, Reisende und Forschende aus deutschen Gebieten an Expansionsprozessen beteiligt und hatten dadurch Zugriff auf Objekte.[348] Entsprechend wirkten sich die im deutschen Kolonialreich geführten Kriege zu Beginn des 20. Jahrhunderts nicht unmittelbar auf die Objekteingänge aus. Die Sammelnden waren selbst nicht direkt von Kriegsdienst oder Kampfhandlungen betroffen und sammelten weit über die deutschen Gebiete hinaus, so dass weiterhin Gegenstände in großen Zahlen in das Völkerkundemuseum eingingen. Dies veränderte sich während des Ersten Weltkriegs: Die Vorbereitungen der Dauerausstellung im neuen Gebäude wurden durch den Kriegseinsatz und anderweitige Beanspruchung der Mitarbeiter deutlich verlangsamt und teilweise unterbrochen.[349]

Um die eingehenden Objekte zu kontrollieren und unzuverlässige Quellen für die Zukunft auszuschließen, führte das Museum eine »Schwarze Liste über unzuverlässige Personen, ~~verdächtige Händler~~«.[350] Aus den überlieferten Beständen ist nicht erkennbar, wer diese Liste im Museum angelegt oder weitergeführt hat, aber es lassen sich eindeutig mehrere Handschriften identifizieren, so dass diese Liste offenbar von mehreren Verantwortlichen gemeinsam zusammengetra-

für das Museum für Völkerkunde der Oberschulbehörde war, vgl. Thilenius: Das hamburgische Museum, S. 12.

346 Ruppenthal fasst diese Art des »informal empire« als eine »Sphäre, in der ein Staat politischen oder ökonomischen Einfluss auf indirekte Weise ausübte, etwa durch die finanzielle Kontrolle ganzer Wirtschaftszweige oder durch die Herstellung von politischen Abhängigkeiten auf Seiten einheimischer Machthaber.«, Ruppenthal, Kolonialismus, S. 79.

347 Hog: Ethnologie und Öffentlichkeit, S. 77.

348 Zimmerer: Kolonialismus, S. 25.

349 Zwernemann: Die ersten 112 Jahre, S. 103.

350 In: MV 101–1, Nr. 1918.

gen wurde.[351] Neben Namen und Anschriften der als unzuverlässig oder betrügerisch kategorisierten Händler und Sammler sind teilweise auch die Vorfälle dokumentiert, aufgrund derer diese Personen als zukünftige Quellen ausgeschlossen wurden.[352] Einem Händler wurde direkt vorgeworfen, mit gefälschten Objekten gehandelt zu haben, andere wiederum hatten Bestände aus dubiosen Versteigerungen angeboten. Die Zuverlässigkeit der Sammelnden, deren Informationen und auch die gesammelten Objekte wurden auf vielfältige Weise überprüft und im Austausch mit anderen Experten oder Museen verifiziert.[353] Auch Thilenius bat Experten aus verschiedenen Fachrichtungen z.B. darum, den wahrscheinlichen Herstellungszeitpunkt angebotener Dinge zu überprüfen, um sich so über seine eigenen Kenntnisse hinaus gegen Fälschungen bestmöglich zu sichern.[354]

Wie verlässlich die Sammelnden und ihre Aufzeichnungen letztendlich eingestuft wurden, konnte auch über die Beurteilung der Gegenstände als echt oder unecht entscheiden und war daher von hoher Bedeutung bei der Objektauswahl. In den Leitsätzen der Südsee-Expedition wurde das Hauptaugenmerk sogar auf die ausführlichen Aufzeichnungen der Reisenden gelegt, denen die Belegobjekte zwar unverzichtbar zur Ergänzung dienen sollten, aber nicht in erster Linie die Ergebnisse, sondern nur deren Belege darstellten.[355]

Um die eingehenden Dinge einzuordnen, wurde direkt beim Eintreffen der Sammlungsstücke im Museum bereits eine erste Überprüfung der Gegenstände vorgenommen: »daran schließt sich die meist langwierige Arbeit der Kontrolle der Stücke, ihres Vergleichs mit den mitunter vorhandenen Listen des Sammlers, der Aufstellung eigener Listen, die Verteilung auf die wissenschaftlichen Abteilungen und die Nummerierung an.«[356] Nicht nur sollten die Herkunft und der Sammlungsweg der Objekte bestmöglich rekonstruiert werden, auch der weitere Weg der eingetroffenen Dinge sollte von Beginn an akribisch doku-

[351] Diese Aufstellung wurde spätestens 1913 angelegt und wurde mindestens bis 1945 fortgeführt.

[352] Auf ähnliche Weise wurden bereits mittelalterliche Reliquien mit beglaubigten Zeugnissen, sogenannten Authentiken, versehen, die ihre Echtheit bezeugen sollten. Vgl. Angenendt: Heilige, S. 162f.

[353] Jardine: Sammlung, S. 220.

[354] So z.B. im Jahr 1915, MV 101–1, Nr. 317.

[355] Leitsätze für die Expedition der Hamburgischen Wissenschaftlichen Stiftung in die deutsche Südsee, in: MV 101–1, Nr. 1049.

[356] Brief des Direktors des Hamburger Völkerkundemuseums Georg Thilenius (1913).

mentiert werden und zu einer möglichst eindeutigen Kategorisierung führen. Um diese Dokumentationen zu vervollständigen, waren die Sammelnden darüber hinaus angehalten, auch »Zwischenstadien« der unterschiedlichen Dinge mitzubringen, um den Herstellungsprozess nachvollziehen zu können und dadurch auf einer weiteren Ebene die Echtheit zu garantieren[357] – fünf Varianten des gleichen Gegenstands in unterschiedlichen Herstellungsstadien waren schließlich schwieriger zu fälschen als ein einziges Sammlungsstück. Die Feststellung eines »Objektursprungs« sollte dann immer dazu dienen, die ausschlaggebende Herkunftsauthentizität zu verifizieren. So betonte Thilenius 1908 gegenüber dem Hamburger Reisenden Meyer-Goßler, er solle bei seinen Sammlungen dringend unterscheiden zwischen Objekten, die »Original Buschmänner[n]«[358] zuzuordnen waren, und solchen, die »von Nachbarn (Herero, Ambo) angenommen« waren. Deutlich wird auch hier wieder der Anspruch einer Herkunftsauthentizität, die durch eine eindeutige Zuordnung der herstellenden Personen vorgenommen werden sollte. So kann einerseits die Autorenschaft eines Objekts als authentisch gewertet werden, indem dem Autoren, Künstler oder Schöpfer die Autorität zugesprochen wird, »wahrhaftig« über einen bestimmten Inhalt kommunizieren zu können. Besonders im ethnologischen Zusammenhang geht diese Frage nach der Autorenauthentizität häufig einher mit der Zugehörigkeit zu bestimmten Gruppen oder Gesellschaften. Andererseits kann auch dem Kunstwerk oder Objekt selbst eine Authentizität zugesprochen werden. Dabei sind als Bezugspunkte für die Echtheit meist die kulturelle Herkunft des Objekts, also dessen echte Repräsentation einer bestimmten Kultur, oder die echte Darstellung einer bestimmten Kunstrichtung, Fertigungsschule oder eines bestimmten Künstlers gemeint.

Während die Forderung nach einer eindeutigen Zuordnung zu einer Gesellschaft durch den Reisenden kaum in der gewünschten Weise zu erfüllen gewesen sein dürfte, wird hier deutlich, welche Rolle die eindeutige Zuordnung zu einer Herkunftskultur bereits vor der Aufnahme von Dingen in das Museum spielte. Auch der Hamburger Dr. med. Fock sollte im selben Jahr zwar durchaus Objekte zur Sammlungserweiterung des Museums mitbringen, allerdings »nur, sofern genau feststeht, ob das Material von Herero, Hottentotten, Damara,

357 S. u.a. Thilenius' Korrespondenz aus dem Zeitraum zwischen 1905 und 1918: MV 101–1, Nr. 79.

358 MV 101–1, Nr. 77.

Buschleuten, Bastards oder Mischlingen stammt.«[359] Ohne genaue Herkunftsangaben waren die Objekte für das Museum nicht nützlich, sie konnten nicht eindeutig in die umfangreichen Ausstellungen und Sammlungen zur authentischen Darstellung anderer Kulturen eingebunden werden und waren daher unbrauchbar. Rückblickend schrieb Thilenius auch in Bezug auf die Teilnehmer der Südsee-Expedition, es seien Personen gewesen, die »schon früher sehr vollständige ethnographische Sammlungen erworben und nach Europa gebracht hatten« und sich so bereits als geeignet für das Sammeln nach ethnologischen Standards erwiesen hätten.[360] Auch bei Angeboten umfangreicher Sammlungen lehnte Thilenius für Fälschungen gehaltene Objekte eher ab, als sie einer genaueren Untersuchung zu unterziehen oder zur bloßen Sammlungsvergrößerung erst einmal aufzunehmen.[361] Entsprechend lehnte auch 1915 der Abteilungsvorsteher und ehemalige Interimsleiter Prof. Hagen den Ankauf zweier javanischer Statuetten als Fälschungen ab, ohne genauere Überprüfungen vorzunehmen.

Beide Vorgänger von Thilenius, Lüders und Hagen, hatten sich aktiv um finanzielle Mittel zur Erweiterung der Sammlungen bemüht, waren darin aber weniger erfolgreich als Thilenius gewesen.[362] Problematisch war im Rahmen der Sammlungspraxis auch, dass es den Reisenden selbst ohne weiteres möglich war, importierte Dinge als Raritäten zu deklarieren und einen selbst gesetzten Preis zu verlangen.[363] Denn stellten sich die zu horrenden Preisen angebotenen Dinge später in einem anderen Museum als echt heraus, war dem Hamburger Haus eine Chance entgangen, selbst in den Besitz dieser Besonderheit zu kommen.

Um den Ruf des Museums und damit auch die Glaubwürdigkeit seiner Objekte nicht zu gefährden, verzichtete Thilenius 1907 beispielsweise auf weitere Sammlungsergebnisse des Hilfsarbeiters Vojtech Fric. Vertraglich vereinbart sollte Fric in Brasilien mit finanziellen Mitteln des Museums umfangreiche Ankäufe tätigen und sämtliches Material seiner zweijährigen Reise nach Hamburg senden. Doch Berichte deutscher Auswanderer aus Brasilien und Beschwerden, die durch das Aus-

359 Thilenius an Fock, 12. Mai 1908, in: MV 101–1, Nr. 79.

360 Thilenius in Hans Vogel/Georg Thilenius: Eine Forschungsreise in das Bismarck-Archipel, Hamburg 1911, S. XV, hier zitiert nach Laukötter: Von der »Kultur«, S. 168.

361 Thilenius an Adolf Graf in Hamburg, 28. April 1910, in: MV 101–1, Nr. 79.

362 Zwernemann: Die ersten 112 Jahre, S. 39f; 55f.

363 Laukötter: Von der »Kultur«, S. 148.

wärtige Amt an Thilenius herangetragen wurden, führten schließlich zur Kündigung Frics. Vorgeworfen wurde dem Museumsangestellten darin vor allem sein übermäßiger Einsatz für die Interessen der Gesellschaften, deren Objekte er sammeln sollte.[364] Möglich ist auch, dass Fric für die bewilligte Summe einfach eine zu geringe Anzahl an Gegenständen einbrachte, wenn er mit den Besitzenden tatsächlich um die Objekte verhandelte, anstatt sie einfach mitzunehmen. Deutlich wird an Frics Beispiel, wie unkontrollierbar die Sammlungssituationen in den überseeischen Gebieten für europäische Museen waren. Abgesehen davon, dass die Bedingungen der Sammlungssituationen vorher nicht bekannt waren, konnten auch die Wissenschaftler und Auftraggeber des Museums nur auf wenige Informationsquellen über die Aktivitäten ihrer ausgesandten Sammelnden zurückgreifen.

Abgesehen von gezielten Sammelanweisungen und ganzen Expeditionen war das Museum zur Erweiterung seiner Bestände immer auf private Sammler und Reisende angewiesen. Auch wenn diese Personen als zuverlässig eingestuft wurden und die Echtheit der von ihnen angebotenen Objekte nicht angezweifelt wurde, so konnten diese Objekte doch nie die erschöpfende Repräsentation einer Kultur bilden, die das Museum ausstellen wollte. Zu viele Faktoren spielten bei der Sammlung dieser Gegenstände eine Rolle: (wissenschaftliche) Interessen der Reisenden selbst, ihre finanzielle Ausstattung für die Reise, die Begleitung die sie fanden, Sprachkenntnisse, die sie selbst besaßen oder in ihre Dienste stellen konnten, die Situation, in der Sammelnde auf Gegenstände trafen, und vieles mehr. Auch die Tatsache, dass die Sammler, von denen das Museum beschenkt wurde oder die es beerbte, meist den oberen gesellschaftlichen Schichten angehörten, beeinflusste den Strom eingehender Dinge.[365] Für persönliche Sammlungen wurden hier häufig vor allem optisch ansprechende und auffällige Gegenstände gewählt, die sich im eigenen Haus gut einfügten. Entsprechend sammelte dann wiederum das Museum auch, was Einzelpersonen oder Familien als sammelnswert betrachtet hatten, und deren ästhetische Vorlieben schlugen sich in der Sammlungszusammenstellung des Instituts nieder.

Die Subjektivität der Sammelnden sollte durch anscheinend wertfreie wissenschaftliche Verfahren ausgeglichen werden: »Man halte sich durchaus an eine sachliche Berichterstattung und verzichte

[364] Zwernemann: Die ersten 112 Jahre, S. 78.
[365] Crew/Sims: Locating Authenticity, S. 165.

auf Werturteile«[366] hieß es in der Sammlungsanleitung. Mithilfe dieser wertfreien Berichte, die die Dinge begleiteten, sollte dann ein realitätsnahes Bild der anderen Kulturen ausgestellt werden: Indem echte Objekte und echte Aufzeichnungen Zeugenschaft ablegten, sollte die Gefahr einer subjektiven Verfälschung umgangen werden. »Die Echtheit einer Sache ist der Inbegriff alles von [sic] Ursprung her Tradierbaren, von ihrer materiellen Dauer bis zu ihrer geschichtlichen Zeugenschaft.«[367] Diesem Verständnis zufolge durften nur die echten Dinge gesammelt werden, um eine möglichst objektive Darstellung historischer und kultureller Zusammenhänge zu erreichen. Dass sowohl bei den mitgenommenen Dingen als auch den Aufzeichnungen bereits eine subjektive Auswahl getroffen wurde oder die Reisenden vieles vermutlich nicht verstanden, spielte für die Sammlungsanleitungen durchaus eine Rolle. In seinen Darstellungen zu »Methoden und Problem[en] der Völkerkunde« fasste Thilenius 1916 zusammen, welche Schwierigkeiten die menschliche Subjektivität beim ansonsten so standardisierten Sammeln verursachte: Nicht nur die Sammelnden und Reisenden prägten ihre Berichte durch eigene Interpretationen und Verständnisfragen, auch die beobachteten und besammelten Menschen der kolonisierten Gebiete beeinflussten durch individuelle Praktiken und ihre Ausgestaltung traditioneller Zeremonien die nach Europa transportierten Informationen. Zugrunde lag den Annahmen des Hamburger Museumsdirektors dabei die Überzeugung, dass es eine definitive Wirklichkeit für alle diese gesammelten und beobachteten Dinge gab. Diese sei durch die individuell gefärbten Berichte zwar verdeckt, aber durch akribische Spurensuche durchaus zu entdecken. Ausgenommen von dieser subjektiven Verfälschung waren Thilenius zufolge die gesammelten Objekte: Zwar benötigten sie begleitende Aufzeichnungen, aber ihr Wesen und ihre Ausdrucksform waren nicht manipulierbar und konnten so wahrheitsgetreue Abbilder ihrer Kultur sein.[368]

Wie unterlegen die beobachteten Gesellschaften bei der Sammeltätigkeit von vornherein eingeschätzt wurden, wird in der Fragensektion »XVIII. Begabung, Kenntnisse, Charakter, Moral, Umgangssitten« der Anleitung von Luschans deutlich: »Man vermeide alle allgemeinen Urteile über ein ganzes Volk, wie stumpfsinnig, faul, lügnerisch, auch

366 Luschan/Ankermann: Anleitung, S. 13.
367 Benjamin: Das Kunstwerk, S. 438.
368 Thilenius: Das hamburgische Museum, S. 30f.

wenn einem diese Eigenschaften recht häufig entgegentreten, [...].«[369] Hier wird davon ausgegangen, dass alle überhaupt möglichen Urteile der Reisenden über die Beobachteten negativ seien. In derselben Sektion werden dann auch in den Fragen nach Hierarchien innerhalb der Gruppe »Europäer« mit »Höherstehenden« gleichgesetzt, wenn nach dem Verhalten gegenüber diesen gefragt wird.[370]

Ziel dieser umfangreichen Sammlungen war es Thilenius zufolge, Einblicke in die materielle und ideelle Alltagswelt der jeweils untersuchten Gesellschaften zu bieten.[371] In dieser Hinsicht waren die frühen Völkerkundemuseen ihren Vorläufern, den Wunderkammern und Kuriositätenkabinetten, nicht unähnlich: Während frühneuzeitliche Sammler die ganze Welt in einem Raum auszustellen versuchten,[372] zielten die völkerkundlichen Museen darauf ab, die Kulturen der Welt und damit ihre gesamte Lebensweise unter einem Dach zu zeigen. Um aber die ideellen Werte und Vorstellungen zu transportieren, die den materiellen Dingen anhingen, mussten die Sammelnden so zuverlässig wie nur möglich umfangreiche Aufzeichnungen zu ihren ersammelten Stücken liefern. Die umfangreiche Sammeltätigkeit ging im Wissenschaftsverständnis des frühen 20. Jahrhunderts eindeutig der durch Analyse gewonnenen Erkenntnis voraus und war nicht erst das Resultat wissenschaftlicher Untersuchungen.[373] Um die notwendigen Informationen zu generieren, wurden für den Sammlungsprozess zwar die erwähnten Anleitungen ausgegeben, diese sollten allerdings nur die Dokumentation der Objektaneignung regulieren und weniger eingrenzen, *was* gesammelt wurde. Entsprechend war das Ziel die Anhäufung möglichst großer Mengen an Dingen, um damit einhergehend auch möglichst großes Wissen vom »ursprünglichen« Leben der Menschheit zu generieren und ihre Kultur zu konservieren, um so der vermeintlichen Beschleunigung des Lebens entgegenzuwirken.[374] Es wurde dabei nicht nur im Wettlauf mit der Zeit und dem vermeintlichen Verschwinden ursprünglicher Kulturen gesammelt, sondern auch in Konkurrenz zu anderen europäischen Reisenden, Kaufleuten und Forschenden. Um

369 Luschan/Ankermann: Anleitung, S. 56.

370 Luschan/Ankermann: Anleitung, S. 57.

371 Georg Thilenius: Ethnographische Ergebnisse aus Melanesien, I. Theil: Reisebericht. – Die polynesischen Inseln, in: Nova Acta, Bd. 80, Nr. 1 (1903); nach Laukötter: Von der »Kultur«, S. 63.

372 Putnam: Art, S. 11.

373 Heesen/Spary: Sammeln, S. 7.

374 Heesen/Spary: Sammeln, S. 18f.

möglichst echte Objekte zu bekommen und zu vermeiden, dass bereits europäisierte Dinge eingesammelt wurden, fragte das Museum während des Sammlungsprozesses »Welchen Einfluss auf die gewerbliche Technik hat die Nachfrage der Europäer nach heimischen Produkten? Erfolgt die Herstellung schneller, gröber, nachlässiger?«[375] Hier spiegelte sich die Angst wider, möglicherweise »verunreinigte« und nicht mehr »ursprüngliche« Handwerkskunst gesammelt zu bekommen und damit einerseits im nationalen und internationalen Konkurrenzkampf abgeschlagen zu werden und andererseits die unterschiedlichen Kulturen der Welt nicht mehr korrekt ausstellen zu können. Als der Strom von Dingen nach Europa weniger wurde und nicht zuletzt die Hamburger Südsee-Expedition einiges aus überseeischen Gebieten bereits »weggesammelt« hatte, entstand auch unter den verschiedenen Hamburger Institutionen ein Konkurrenzkampf um die in der Hansestadt noch verfügbaren originalen Objekte. Eine Anweisung über das Verhalten bei der Ersteigerung von Gegenständen wies 1913 alle staatlichen Institutionen an, sich bei Auktionen nicht gegenseitig zu überbieten, um die Staatskasse zu schonen. Über den weiteren Verbleib eines ersteigerten Gegenstands sollte dann nach der erfolgreichen Ersteigerung entschieden werden und bei andauernder Uneinigkeit das betreffende Objekt durch den Senat aufbewahrt werden.[376] Bereits 1911 wies Thilenius den für das Museum aktiven Prof. Dr. Michaelsen an, in Südwest-Afrika

> »vor allem die rasch verschwindenden Gegenstände [zu] erwerben wie Schmuck, Kleidung, Bogen und Pfeile, hölzernes Hausgerät, Gerät zum Feueranmachen, Handwerkzeug der Schmiede, Korbflechter, Gerber, Seiler, Töpfer, Jagdgerät, Kinderspielzeug [...]«[377]

und legte der Korrespondenz eine Desideratenliste bei, anhand derer Michaelsen nach Möglichkeit »ursprüngliche« Alltagsgegenstände der dortigen Bevölkerung nach Deutschland schicken sollte. Dabei erläuterte der Museumsdirektor: »Neuere Töpfe sind schwer erhältlich, da leider schon sehr stark verdrängt.« Thilenius nahm als Konsequenz dieser Sammelstrategien an, dass eines Tages bestimmte geographische Gebiete von jedem ethnologischen Museum ausgestellt werden müssten, da die dortige materielle Kultur so zahlreich in Europa vertreten

375 Fragebogen I, MV 101–1, Nr. 6.
376 MV 101–1, Nr. 16.
377 MV 101–1, Nr. 77.

sein würde, dass die Besuchenden sie schlicht erwarten würden. Um allerdings über diese Gebiete hinaus einen zermürbenden Konkurrenzkampf um die Dinge anderer Regionen zu vermeiden, wenn sie eines Tages nicht mehr im Herkunftsgebiet gesammelt werden könnten, schlug der Hamburger Direktor 1913 seinem Leipziger Kollegen Weule vor, Schwerpunktthemen untereinander zu verteilen.[378] Damit sollten die einzelnen Standorte personell und wirtschaftlich entlastet werden, um sich auf das Sammeln echter Objekte bestimmter Themengebiete konzentrieren zu können. Gleichzeitig sollte das Museumsprofil für die Besuchenden geschärft werden und eine eindeutige Ausrichtung der jeweiligen Ausstellungen erreicht werden. Dabei sollte allerdings nach wie vor die ganze Welt ausgestellt werden, um den Betrachtenden einen Überblick über die gesamte Disziplin der Völkerkunde zu geben, sodass die Spezialisierungen der Schausammlungen sich auf inhaltliche und nicht auf regionale Schwerpunkte beschränken würden.[379]

So entwickelten die Angestellten des Hamburger Museums für Völkerkunde unter Thilenius verschiedene Abläufe, die das Institut vor dem Ankauf von Fälschungen schützen und die möglichst genaue Rekonstruktion der Objektherkunft garantieren sollten.

[378] Thilenius an Weule, 27. November 1913, in: MV 101–1, Nr. 127.

[379] Thilenius: Das hamburgische Museum, S. 71.

5 Schlussbetrachtung

Ähnlich wie sich koloniale Expansion und die betriebenen Wissenschaften gegenseitig bedingten, verhielt es sich auch mit Völkerkundemuseen und Authentizitätsfiktionen. In einer gegenseitigen Verstärkung waren ethnologische Museen und kulturelle Authentizität voneinander abhängig: Die Originalität der gesammelten Objekte lieferte gleichzeitig die Autorität, um authentisch über fremde Gegenden, Menschen und deren Praktiken Auskunft zu geben und damit die jeweilige Darstellung des Museums als echt zu kennzeichnen.[380] Entsprechend groß war die Bedeutung von Echtheitsfiktionen, die dem Publikum vermittelt werden sollten. Bemerkenswert ist dabei, dass Echtheit eine so selbstverständliche Größe war, dass offensichtliche Widersprüche im Konzept des Völkerkundemuseums nicht als solche wahrgenommen wurden. So wurde in einem für die Veröffentlichung in der *Neuen Hamburger Zeitung* vorgesehenen Artikel zur Kolonialausstellung 1912 explizit erwähnt, dass die gezeigten Dinge auf der mikronesischen Insel Nukuoro zum Ausstellungszeitpunkt bereits nicht mehr verwendet wurden.[381] Diese Feststellung allerdings tat der Wertschätzung für die Ausstellung keinerlei Abbruch, der zeitliche Bruch in der authentischen Darstellung der Kultur wurde als solcher nicht wahrgenommen.

Die Aura-Theorie Benjamins liefert zwar auf der emotionalen Seite eine Erklärung von Echtheitserfahrungen, die anscheinend die Bedeutung eines Originals begründen kann. Allerdings bleibt in seinen Ausführungen unklar, wie der nur im Original spürbare Traditionszusammenhang übermittelt werden könnte.[382] Eine rein emotional-auratische Identifizierung des Originals über eine beinahe religiöse Erfahrung scheint der Bedeutung von Originalobjekten nicht gerecht zu werden. Die Kombination von Benjamins Aura-Konzept und Reckis Hinweis, dass die Reproduktionen eines Objekts zusätzlich zur Wertsteigerung des Originals führe,[383] scheint im Fall ethnografischer Objekte durchaus zielführend: Die besondere Natur des Originalobjekts (das nur ein

380 Burmeister: Der schöne Schein, S. 106.

381 MV 101–1, Nr. 777.

382 Burmeister: Der schöne Schein, S. 101.

383 Birgit Recki: Aura und Autonomie. Zur Subjektivität der Kunst bei Walter Benjamin und Theodor W. Adorno, (Würzburger wissenschaftliche Schriften, Reihe

Original seines jeweiligen Kontexts sein kann) wird durch die Reproduktion des Objekts nicht ausgelöscht, sondern verstärkt. Die Vervielfältigung eines Dings zeugt von seiner Relevanz, von einem Bedürfnis mehrerer Personen, Zugang zu diesem Gegenstand zu haben. Damit wird dem Herstellungszusammenhang und dem Objekt selbst ein Stellenwert zugesprochen, der nicht auf einen Werteverfall, sondern eher auf eine Wertsteigerung des Vorbild-Objekts hinweist.

Mehr als 20 Jahre nach dem Erscheinen von Lavines und Karps Standardwerk »Exhibiting Cultures« sind die Forderungen nach multiperspektivischen Ausstellungsansätzen und der expliziten Offenlegung der eigenen Perspektive sowie der Erzähltheit der präsentierten Geschichten[384] noch längst nicht umgesetzt. Die kritische Analyse der Rolle von Völkerkundemuseen in den Mechanismen der Wissensproduktion über entfernte und (ehemals) kolonisierte Teile der Welt ist besonders aus historischer Perspektive bei weitem noch nicht erschöpfend betrachtet worden. Besonders hilfreich auch für weitere Untersuchungen scheint die Annahme, dass ethnologische Museen im Endeffekt sehr wenig über die vermeintlich ausgestellten Kulturen aussagen können – dafür aber umso mehr über ihren eigenen Entstehungskontext, gesellschaftliche Ansprüche an Museen als Institutionen westlicher Kulturbildung und damit auch über koloniale Denkmuster, die in deutschen Museen mehr als ein Jahrhundert nach dem Versailler Friedensvertrag noch deutliche Spuren zeigen.[385]

Museen können und konnten durch die Auswahl ihrer Exponate sowie deren Inszenierung durchaus Ansichten und Vorstellungen des Publikums erschüttern oder aufbrechen, allerdings nur dann, wenn sie die ausgestellten Stücke *nicht* nach bereits bekannten Deutungsmustern anordnen.[386] Völkerkundemuseen trugen in Bezug auf kolonialisierte Gebiete und Menschen vor allem dazu bei, zunächst »anders« wirkende Gesellschaftsformen und Lebensweisen anhand von Objekten in Wis-

Philosophie, Bd. 50), Würzburg 1988, S. 21f., hier zitiert nach Burmeister: Der schöne Schein, S. 102.

384 Lavine/Karp: Introduction, S. 7.

385 Explizit untersucht wurde diese Verbindung kürzlich in der Ausstellung »Böser Wilder, friedlicher Wilder? Wie Museen das Bild anderer Kulturen prägen« im Landesmuseum Natur und Mensch in Oldenburg, 13. Juni 2015 bis 13. September 2015, http://www.naturundmensch.de/pressematerial_download/items/ausstellung-boeser-wilder-friedlicher-wilder.html.

386 Karp: Culture and Representation, S. 22.

senskategorien zu ordnen, die den Besuchenden bekannt waren. Unbekannte Erdteile wurden so portioniert und in eine Form gebracht, die das Andere handhabbar machte. Für die Besuchenden schien die Kategorisierung der Gesellschaften durch die Museen aufgrund ihrer vermeintlichen Wissenschaftlichkeit unhinterfragbar und die Verwendung von Begrifflichkeiten, wie z.B. »primitive« Gesellschaften, kontrastiert mit der eigenen »entwickelten« Lebensweise, verfestigte die koloniale Sichtweise auf globale Zusammenhänge.

Mit der zunehmenden Etablierung des Museums und seiner (personellen) Verflechtung mit unterschiedlichen Bereichen von Wirtschaft und Politik nahm auch die Sammeltätigkeit enorm zu. Entsprechend gewann die überprüfbare Einordnung der gesammelten Dinge als »echt« zunehmend an Bedeutung und wurde zum zentralen Gütemerkmal für Sammler, Kuratoren, Institutionen und nicht zuletzt Besuchende. Dabei wäre zu untersuchen, ob den Objekten der Völkerkundemuseen eine eigenständige *agency* zugesprochen werden sollte, um so ihren Einfluss auf wissenschaftliche und persönliche Handlungsweisen zu verdeutlichen und ernst zu nehmen.[387] Beeinflussen die ausgestellten Dinge Handlungen, Entscheidungen und Gestaltung des Museums und die Haltung seiner Angestellten? Diese und andere Fragen könnten in weiterführenden Untersuchungen eine Rolle spielen. Darüber hinaus wäre die reine Materialität einzelner Objekte und ganzer Sammlungen und deren Auswirkungen auf die Kategorisierung in »echt« oder »unecht« interessant. Die materielle Beschaffenheit der Dinge bildet schließlich die zentrale Untersuchungskategorie, die beim Eingang der Gegenstände in das Museum als erstes überprüft wurde. Ein erster Anhaltspunkt für die Bedeutung dieses Aspekts findet sich in Thilenius' späterer Korrespondenz, in der er gegenüber Heinrich August Beuthien von der »Kunstgewerblichen Anstalt von Reproduktionen antiker und moderner Plastiken und Reliefs aller Art, wie Bronzen, Fayencen, Porzellane, Silber-, Eisen-, Marmor-, Stein-, Holz- etc. Gegenständen« zwar die Anfertigung von Repliken der Sammlungsobjekte nicht grundsätzlich ablehnt, aber darauf besteht, dass Original und Replik unbedingt aus unterschiedlichem Material gefertigt werden müssten, um eine Unterscheidung zu gewährleisten.[388] Auch mittelalterlichen Reliquiaren wurden häufig antike Materialstücke eingearbeitet, um die Autorität der geschichtsträchtigen Teile zu übertragen und

[387] Latour: Reassembling, S. 10.
[388] Thilenius an Beuthin, 17. Dezember 1920, in: MV 101–1, Nr. 81.

als Beglaubigung für die Echtheit der Reliquie zu nutzen.[389] Darüber hinaus richteten mittelalterliche Analysen von Kunstwerken häufig ihr Augenmerk auf die Materialität der betrachteten Dinge, so dass unter dem Aspekt der materiellen Beschaffenheit Untersuchungen über epochale Grenzen hinaus interessante Erkenntnisse liefern könnten.[390]

Theoretische Überlegungen zum Verhältnis quasi-religiöser Objektverehrung und gleichzeitiger positivistischer Wissenschaftsvorstellung unter Bezug auf empirische Erhebungen könnten weiter zum Verständnis der prägenden Denkmuster kolonialer Völkerkundemuseen beitragen.

Die vorangegangene Analyse lässt vor allem Rückschlusse auf zwei Themenfelder zu. Zum einen kann die Authentizität ethnologischer Museumsobjekte während des Gründungsbooms ethnologischer Museen im Deutschen Reich genauer gefasst werden. Zum anderen legt das Sammlungsverhalten des Hamburger Museums einen Wandel bezüglich des Umgangs mit »exotischen« Objekten aus Kolonialgebieten nahe.

Wie bereits erläutert, ist die Objektechtheit in ethnografischen Ausstellungen von der Vergangenheit bis heute eine Frage der Aushandlung. Authentizität wird nicht wissenschaftlich gemessen, sondern glaubwürdig inszeniert. Besonders wenn es um die Ausstellung des Fremden und Anderen geht, ist der Glaube an eine solche Echtheit elementar für die Rezeption durch die Besuchenden – kann aber nie unumstritten belegt werden. Im Zentrum der Bemühungen des Hamburger Völkerkundemuseums während seiner Gründungsphase bis zum formalen Verlust der deutschen Kolonien stand daher, den Objekten eine Herkunftsechtheit nachzuweisen, oder um es mit Thilenius' Worten zu sagen: »Wissenschaftlich ist nun gewiß die Beziehung jedes Denkmals auf einen bestimmten Ort oder ein bestimmtes Volk zu fordern.«[391] Um diese Herkunftsechtheit glaubhaft zu machen, waren neben den gesammelten Dingen umfangreiche Aufzeichnungen, Karten und Gebrauchsanweisungen nötig, um so den Ursprung der Objekte in der ausgestellten, weit entfernten und exotischen Kultur zu belegen und nachzuvollziehen. Gegenstände ohne entsprechende Dokumentation

389 Reudenbach: Reliquiare, S. 24.
390 Reudenbach: »Gold ist Schlamm«, S. 3.
391 Thilenius: Das hamburgische Museum, S. 59.

wurden entsprechend zunehmend wertlos und ab den 1910er-Jahren in Hamburg teilweise nicht mehr angekauft.

Im Sammlungsverhalten des Hamburger Museums für Völkerkunde lassen sich auch Reaktionen auf das weltpolitische Rahmengeschehen sowie die Konkurrenz um Sammlungsgegenstände innerhalb des Deutschen Reichs, aber auch innerhalb Europas erkennen. Während zu Beginn der Sammlungsbestrebungen des Völkerkundemuseums noch gezielt Gegenstände angekauft wurden, verschob sich der Fokus zu Beginn des 20. Jahrhunderts von der Qualität auf die Quantität und es wurde möglichst umfangreich angekauft. Dabei spielte der zunehmende Konkurrenzkampf zwischen den europäischen Staaten ebenso eine Rolle wie das Bestreben, vermeintlich aussterbende Kulturen vor dem Untergang zu bewahren. Durch die Einschränkungen der Sammelnden während des Ersten Weltkriegs nahmen zwangsläufig auch die Ankäufe des Museums ab und verringerten sich immer weiter. Entsprechend stieg die Konkurrenz um die bereits in Europa vorhandenen Stücke und wurde mit deutlichem Druck vorangetrieben. Der Zugang zu weiterem Ausstellungs- und Forschungsmaterial wurde dann durch den Verlust der deutschen Kolonien noch weiter eingeschränkt. Die deutschen Völkerkundler reagierten erstaunlich schnell auf den Wegfall ihrer direkten Untersuchungsobjekte. Um weiterhin die Notwendigkeit ethnologischer Forschung und Lehre zu begründen, veröffentlichte die Deutsche Gesellschaft für Anthropologie, Ethnologie und Urgeschichte bereits Mitte des Jahres 1919 einen offenen Brief an die deutschen Universitäten, in dem für den Erhalt ethnologischer Lehrstühle und Seminare plädiert wurde. In diesem unter anderem von Thilenius unterzeichneten Schreiben hieß es:

> »Gerade jetzt, wo man die Forderung des Selbstbestimmungsrechtes auf die Tagesordnung setzt, wäre die fachmännische Abgrenzung eines Volkes und seines Gutes eine der ersten Aufgaben gewesen.«[392]

Trotz des Wegfalls deutscher Kolonialgebiete als Sammlungsgebiete sahen Thilenius und seine Kollegen also nach wie vor eine zentrale Notwendigkeit für die Erforschung außereuropäischer Kulturen und deren materieller Objekte durch europäische Wissenschaftler und

[392] Sonderabdruck aus dem »Korrespondenz-Blatt der Deutschen Gesellschaft für Anthropologie, Ethnologie und Urgeschichte« L. Jahrgang, Nr. 5/8, Mai/Aug. 1919, in: MV 101-1, Nr. 1614

zeigten sich in der Rechtfertigung ihrer Disziplin ausgesprochen flexibel.

Auch über den hier untersuchten Zeitraum hinaus blieben die eingehenden Gegenstände für das Hamburger Museum von Bedeutung: Als nach dem Ersten Weltkrieg der Verlust der deutschen Kolonien drohte und damit auch staatlich geschützte Wege des Objektbezugs zu verschwinden begannen, setzte Thilenius einmal mehr auf die Unterstützung privater Reisender, Missionare und Abenteurer. So hielt er beispielsweise den Hamburger Professor für Kolonialsprachen Meinhof an, auch seine Freunde im Ausland auf die Freude des Museums über etwaige Schenkungen aufmerksam zu machen, um so den Eingangsfluss der Dinge aufrecht zu erhalten.[393] Auch über zehn Jahre nach dem formalen Verlust der deutschen Kolonien warb das Museum weiterhin teilweise unbesehen Gegenstände ein, ohne zu wissen, was die angekauften Kisten genau beinhalteten.[394] Der Prestigegewinn durch Unmengen von Dingen sollte also ungebrochen weiter betrieben und letztendlich die Welt gesammelt und ausgestellt werden. Trotz einschneidender Veränderungen der globalen wirtschaftlichen und politischen Bedingungen blieben die Ziele der Ethnologen die gleichen, lediglich die Mittel und Wege der Objektbeschaffung mussten angepasst werden.[395]

Dadurch, dass den Objekten im ethnologischen Museum eine Aussagekraft über die eigene Gestalt hinaus aufgetragen wurde, erfuhren sie bereits bei ihrem Eintritt in die Sammlung eine Fetischisierung und wurden entsprechend auf bestimmte Merkmale beschränkt. Die Faszination für echte Objekte und den Reiz, den sie ausübten, ließ Reisende, Sammelnde und Museumsbedienstete alle anderen Eigenschaften der Gegenstände ausschließlich in Hinblick auf ihre Bestätigung oder Widerlegung der Echtheit hin untersuchen. So wurden die Dinge für die Verkörperung einer gesamten Kultur ausgewählt, während sie einerseits nur einen Ausschnitt derselben zeigen konnten und andererseits darüber hinaus diverse weitere Eigenschaften mitbrachten, die jedoch im Dienste des wissenschaftlichen Interesses ausgeblendet wurden. Richter stellt den sakralen Gebrauch von Objekten im Museum dabei

393 MV 101-1, Nr. 77.
394 MV 101-1, Nr. 220.
395 Penny: Objects of Culture, S. 33.

dem fetischistischen gegenüber.[396] Hier stellt sich die Frage, ob im ethnologischen Museum die Dingverehrung nicht auch auf einer fetischistischen Reduzierung der Dinge auf ganz bestimmte Aspekte basieren kann; indem einzelne Charakteristika der betrachteten Objekte in den Vordergrund gerückt werden, treten andere Eigenschaften der Dinge in den Hintergrund und sie werden auf bestimmte Merkmale reduziert. Eine weiterführende Untersuchung sakraler und fetischisierender Praktiken in völkerkundlichen Museen des beginnenden 20. Jahrhunderts könnte daher weitere Wirkungsweisen von Authentizitätsvorstellungen aufzeigen.

Ungebrochen scheint bis heute die Faszination für ausgestellte Objekte, vielleicht umso mehr, je weiter entfernt die »Heimat« der Dinge zu liegen scheint. Nach wie vor faszinieren Dinge, die hinter Glas zwar der Berührung entzogen sind, aber mithilfe von Texttafeln und ihrer materiellen Beschaffenheit eine Anziehungskraft ausüben. Darum soll an dieser Stelle kein Plädoyer gegen die Institution der Völkerkundemuseen stehen. Mit der Auslöschung dieser Institutionen, wie sie von kritischen Stimmen durchaus gefordert wird, wäre der Aufarbeitung von und Erinnerung an die koloniale Vergangenheit Deutschlands und der Hansestadt Hamburg nicht gedient, und auch die damit verbundenen Geschichten und Schicksale würden unsichtbar. Allerdings kann als Fazit festgestellt werden, dass besonders in Bezug auf koloniale Denkmuster und Vergangenheitspräsenz weitere Anstöße sowie eine öffentlich geführte Debatte notwendig sind.

[396] Richter: »Ich weiß …«, S. 50.

6 Quellenverzeichnis

6.1 Publizierte Quellen

Breiholz, Jörn: Aus Originalmaterial. Das renommierte Völkerkundemuseum in Hamburg blamiert sich mit einer Ausstellung gefälschter Antiquitäten, in: Die Zeit, 12. Dezember 2007, http://www.zeit.de/2007/51/LS-F-lschungen [17.5.2015].

Thilenius, Georg: Das Hamburgische Museum für Völkerkunde, (Museumskunde, Zeitschrift für Verwaltung und Technik öffentlicher und privater Sammlungen, Beiheft zu Bd. XIV), Berlin 1916.

Luschan, Felix von/Ankermann, Bernhard: Anleitung zum ethnologischen Beobachten und Sammeln, Berlin 1914.

N.N: »Völkerkundemuseum: Das leidige Ende der falschen Terrakotta-Krieger – Ausstellung wird geschlossen«, in: Hamburger Abendblatt, 12. Dezember 2007, http://www.abendblatt.de/nachrichten/nachrichten-des-tages/article-107355401/Ausstellung-wird-geschlossen.html [17.5.2015].

N.N: »Die Terrakotta-Krieger und der feine Unterschied«, in: FAZ, 12. Dezember 2007, http://www.faz.net/aktuell/feuilleton/debatten/hamburger-ausstellung-geschlossen-die-terrakotta-krieger-und-der-feine-unterschied-1491394.html [17.05.2015].

Sarfert, Ernst: Vorwort, in: Georg Thilenius (Hrsg.): Ergebnisse der Südsee-Expedition 1908–1910, II: Ethnographie B. Mikronesien, Bd. 12: Luangiua und Nukumanu, Hbd. 1: Allgemeiner Teil und Materielle Kultur, Hamburg 1929, S. V-X.

Senat der Hansestadt Hamburg: Drucksache 20/12383, 8. Juni 2014: Stellungnahme des Senats zu dem Ersuchen der Bürgerschaft vom 13. Juni 2013 »Bericht des Kulturausschusses über die Drucksache 20/3752: Aufarbeitung des »kolonialen Erbes« – Neustart in der Erinnerungskultur unter Einbeziehung der Partnerschaft mit Daressalam« (Drucksache 20/8148), http://suche.transparenz.hamburg.de/dataset/stellungnahme-des-senats-zu-dem-ersuchen-der-buergerschaft-vom-13-juni-2013-bericht-des-20–8148 [3.8.15].

Senat der Hansestadt Hamburg: Regulativ Nr. 24, 29. April 1879: »Bekanntmachung, betreffend Bestimmungen für die Verwaltung des Museums für Völkerkunde«, § 1, in: Jürgen Zwernemann: Hundert Jahre. Hamburgisches Museum für Völkerkunde, Hamburg 1980, S. 109–111.

6.2 Nicht publizierte Quellen

Brief des Direktors des Hamburger Völkerkundemuseums Georg Thilenius (1913), In: Themenportal Europäische Geschichte (2008), http://www.europa.clio-online.de/2008/Article=291 [24.2.2015].

Verwaltungsarchiv des Hamburger Museums für Völkerkunde

MV 101–1, Nr. 6: Fragebogen [ethnographischer Fragebogen].

MV 101–1, Nr. 15: Rechnungen für Sammlungserwerbungen, 1903–1905.

MV 101–1, Nr. 16: Erwerb von Sammlungen, Allgemeines.

MV 101–1, Nr. 77: Anregungen und Anleitung zum Sammeln und Beobachten, Besonderes [M-Z].

MV 101–1, Nr. 78: Anregungen und Anleitungen zum Sammeln und Beobachten, Allgemeines.

MV 101–1, Nr. 79: Anregungen und Anleitung zum Sammeln und Beobachten, Besonderes [A-L].

MV 101–1, Nr. 81: Herstellung von Nachbildungen sowie Veröffentlichungen von ethnographischen Gegenständen aus dem Bestand des Museums.

MV 101–1, Nr. 127: Aufgabe der Museen.

MV 101–1, Nr. 220: Dublettensammlung.

MV 101–1, Nr. 317: Bestimmen von Sammlungsgegenständen.

MV 101–1, Nr. 495: Museum Godeffroy in Hamburg.

MV 101–1, Nr. 589: Deutsches Kolonial-Museum Berlin.

MV 101–1, Nr. 767: Verwaltung der Sammlungen.

MV 101–1, Nr. 769: Dublettensammlung.

MV 101–1, Nr. 777: Ausstellung aus Anlass der Hauptversammlung der Deutschen Kolonialgesellschaft Hamburg 1912.

MV 101–1, Nr. 779: Entstehung und Aufbau der anthropologischen Abteilung.

MV 101–1, Nr. 962: Gutachten über Schädel, Veröffentlichungen über Schädel.

MV 101–1, Nr. 966: Anregungen und Anleitungen zum Sammeln und Beobachten.

MV 101–1, Nr. 1018: Rechnungen für Sammlungserwerbungen, 1914–1918.

MV 101–1, Nr. 1049: Vorbereitung der Expedition.

MV 101–1, Nr. 1179: Urteile über die Expedition und ihre Ergebnisse.

MV 101–1, Nr. 1296: Rechnungen für Sammlungserwerbungen, 1899–1902.

MV 101–1, Nr. 1295: Rechnungen für Sammlungserwerbungen, 1906–1909.

MV 101–1, Nr. 1508: Deutsche Kolonial-Ausstellung Mai 1916.

MV 101–1, Nr. 1614: Die Völkerkunde an den Universitäten.

MV 101–1, Nr. 1900: Beschwerden der Besucher über andere Besucher.

MV 101–1, Nr. 1918: Sammler, Forscher, Händler, Fälscher.

7 Literaturverzeichnis

Alpers, Svetlana: The Museum as a Way of Seeing, In: Ivan Karp/Steven Lavine (Hrsg.): Exhibiting Cultures. The Poetics and Politics of Museum Display, Washington 1991, S. 25–32.

Angenendt, Arnold: Heilige und Reliquien. Die Geschichte ihres Kultes vom frühen Christentum bis zur Gegenwart, 2. überarb. Aufl., Hamburg 2007.

Ashcroft, Bill/Griffiths, Gareth/Tiffin, Helen (Hrsg.): Postcolonial Studies. The Key Concepts, 3. Aufl., London 2013.

Baxandall, Michael: Exhibiting Intention. Some Preconditions of the Visual Display of Culturally Purposeful Objects, In: Ivan Karp/Steven Lavine (Hrsg.): Exhibiting Cultures. The Poetics and Politics of Museum Display, Washington 1991, S. 33–41.

Beckert, Sven: Die Kultur des Kapitals. Bürgerliche Kultur in New York und Hamburg im 19. Jahrhundert, in: Wolfgang Kemp u.a. (Hrsg.): Vorträge aus dem Warburg-Haus, Bd. 4, Berlin 2000, S. 141–176.

Bell, Avril: Relating Indigenous and Settler Identities. Beyond Domination, (Identity Studies in the Social Sciences), London 2014.

Benjamin, Walter: Gesammelte Schriften, Bd. I.2, (Werkausgabe Edition Suhrkamp, Bd. 2), Frankfurt/M. 1980.

Benjamin, Walter: Das Kunstwerk im Zeitalter seiner technischen Reproduzierbarkeit. Erste Fassung, in: Ders.: Gesammelte Schriften, Bd. I.2, (Werkausgabe Edition Suhrkamp, Bd. 2), Frankfurt/M. 1980, S. 431–469.

Bitterli, Urs: Die ›Wilden‹ und die ›Zivilisierten‹. Grundzüge einer Geistes- und Kulturgeschichte der europäisch-überseeischen Begegnung, 3. Aufl., München 2004.

Blocker, H. Gene: The Aesthetics of Primitive Art, Lanham 1994.

Böhme, Hartmut/Scherpe, Klaus(Hrsg.): Literatur und Kulturwissenschaften. Positionen, Theorien, Modelle, Reinbek 1996.

Bujok, Elke: Neue Welten in europäischen Sammlungen. Africana und Americana in Kunstkammern bis 1670, Berlin 2004.

Burmeister, Stefan: Der schöne Schein. Aura und Authentizität im Museum, In: Martin Fitzenreiter (Hrsg.): Authentizität. Artefakt und Versprechen in der Archäologie. Workshop vom 10. bis 12. Mai 2013, Ägyptisches Museum der Universität Bonn, (Internet-Beiträge zur Ägyptologie und Sudanarchäologie, Bd. 15), London 2014, S. 99–108.

Collet, Dominik: Die Welt in der Stube. Begegnungen mit Außereuropa in Kunstkammern der Frühen Neuzeit, (Veröffentlichungen des Max-Planck-Instituts für Geschichte, Bd. 232), Göttingen 2007.

Crew, Spencer/Sims, James: Locating Authenticity. Fragments of a Dialogue, in: Ivan Karp/Steven Lavine (Hrsg.): Exhibiting Cultures. The Poetics and Politics of Museum Display, Washington 1991, S. 159- 175.

Diedrichs, Christof: Vom Glauben zum Sehen. Die Sichtbarkeit der Reliquie im Reliquiar. Ein Beitrag zur Geschichte des Sehens, Berlin 2001.

Emmerink, Malina: Hamburger Kolonisationspläne 1840–1842. Karl Sievekings Traum einer »Deutschen Antipodenkolonie« im Südpazifik, (Hamburger postkoloniale Studien, Bd. 2), München 2014.

Fiedler, Matthias: Zwischen Abenteuer, Wissenschaft und Kolonialismus. Der deutsche Afrikadiskurs im 18. und 19. Jahrhundert, Köln 2005.

Findlen, Paula: Early Modern Things. Objects in Motion, in: Dies. (Hrsg.): Early Modern Things. Objects and their Histories, 1500–1800, London 2013, S. 1–28.

Findlen, Paula (Hrsg.): Early Modern Things. Objects and their Histories, 1500–1800, London 2013.

Fischer, Hans: Die Hamburger Südsee-Expedition. Über Ethnographie und Kolonialismus, Frankfurt/M. 1981.

Fitzenreiter, Martin (Hrsg.): Authentizität. Artefakt und Versprechen in der Archäologie. Workshop vom 10. Bis 12. Mai 2013, Ägyptisches Museum der Universität Bonn, (Internet-Beiträge zur Ägyptologie und Sudanarchäologie, Bd. 15), London 2014.

Füßmann, Klaus/Grütter, Heinrich Theodor/ Rüsen, Jörn (Hrsg.): Historische Faszination. Geschichtskultur heute, Köln 1994.

Geertz, Clifford: The Interpretation of Cultures. Selected Essays, New York 1973.

Gerhardt, Johannes: Die Begründer der Hamburgischen Wissenschaftlichen Stiftung, (Mäzene für Wissenschaft, hrsg. von Ekkehard Nümann), Hamburg 2007.

Giloi, Eva: Monarchy, Myth, and Material Culture in Germany 1750–1950, (New Studies in European History), Cambridge 2011.

Grewe, Cordula (Hrsg.): Die Schau des Fremden. Ausstellungskonzepte zwischen Kunst, Kommerz und Wissenschaft, (Transatlantische Historische Studien, Bd. 26), Stuttgart 2006.

Grewe, Cordula: Between Art, Artifact, and Attraction. The Ethnographic Object and its Appropriation in Western Culture, in: Dies. (Hrsg.): Die Schau des Fremden. Ausstellungskonzepte zwischen Kunst, Kommerz und Wissenschaft, (Transatlantische Historische Studien, Bd. 26), Stuttgart 2006, S. 9–44.

Grijp, Paul van der: Art and Exoticism. An Anthropology of the Yearning for Authenticity, (Comparative Anthropologica Studies in Society, Cosmology and Politics, Bd. 5), Berlin 2009.

Hahn, Hans-Peter: Materielle Kultur. Eine Einführung, 2. überarb. Aufl., Berlin 2014.

Hall, Stuart: Rassismus und kulturelle Identität, (Ausgewählte Schriften, Bd.2), Hamburg 1994.

Hall, Stuart: Der Westen und der Rest – Diskurs und Macht, In: Ders.: Rassismus und kulturelle Identität, (Ausgewählte Schriften, Bd.2), Hamburg 1994, S. 137–179.

Harris, Susanna/Douny, Laurence (Hrsg.): Wrapping and Unwrapping Material Culture. Archaeological and Anthropological Perspectives, (Publications of the Institute of Archaeology, University College of London 64), Walnut Creek 2014.

Heesen, Anke te/Spary, Emma (Hrsg.): Sammeln als Wissen. Das Sammeln und seine wissenschaftsgeschichtliche Bedeutung, Göttingen 2001.

Heesen, Anke te/Spary, Emma: Sammeln als Wissen, in: Dies. (Hrsg.): Sammeln als Wissen. Das Sammeln und seine wissenschaftsgeschichtliche Bedeutung, Göttingen 2001, S. 7–21.

Heinrichs, Hans-Jürgen: Wilde Künstler. Über Primitivismus, Art Brut und die Trugbilder der Identität, Hamburg 1995.

Hog, Michael: Ethnologie und Öffentlichkeit. Ein entwicklungsgeschichtlicher Überblick, (Europäische Hochschulschriften, Reihe XIX, Abt. B Ethnologie, Bd. 19), Frankfurt/Main 1990.

Jardine, Nicholas: Sammlung, Wissenschaft, Kulturgeschichte, in: Anke te Heesen/Emma Spary (Hrsg.): Sammeln als Wissen. Das Sammeln und seine wissenschaftsgeschichtliche Bedeutung, Göttingen 2001, S. 199–220.

Karp, Ivan/ Lavine, Steven (Hrsg.): Exhibiting Cultures. The Poetics and Politics of Museum Display, Washington 1991.

Karp, Ivan/ Lavine, Steven: Introduction. Museums and Multiculturalism, in: Dies. (Hrsg.): Exhibiting Cultures. The Poetics and Politics of Museum Display, Washington 1991, S. 1–10.

Karp, Ivan: Culture and Representation, In: Ders./Steven Lavine (Hrsg.): Exhibiting Cultures. The Poetics and Politics of Museum Display, Washington 1991, S. 11–25.

Kirshenblatt-Gimblett, Barbara: Objects of Ethnography, in: Ivan Karp/Steven Lavine (Hrsg.): Exhibiting Cultures. The Poetics and Politics of Museum Display, Washington 1991, S. 386–443.

Knaller, Susanne: Genealogie des ästhetischen Authentizitätsbegriffs, in: Dies./ Harro Müller (Hrsg): Authentizität. Diskussion eines ästhetischen Begriffs, München 2006, S. 17–35.

Knaller, Susanne/Müller, Harro (Hrsg): Authentizität. Diskussion eines ästhetischen Begriffs, München 2006.

Knaller, Susanne/Müller, Harro: Authentizität und kein Ende, in: Dies. (Hrsg.): Authentizität. Diskussion eines ästhetischen Begriffs, München 2006, S. 7–16.

Kelm, Antje: Einführung, in: Wulf Köpke/Bernd Schmelz (Hrsg.): Hamburg-

Südsee. Expedition ins Paradies, (Mitteilungen aus dem Museum für Völkerkunde Hamburg, NF Bd. 33), Hamburg 2003, S. 71–85.

Kemp, Wolfgang u.a. (Hrsg.): Vorträge aus dem Warburg-Haus, Bd. 4, Berlin 2000.

Kohl, Karl-Heinz: Leo Frobenius und sein Frankfurter Institut, in: Jürgen Zimmerer: (Hrsg.): Kein Platz an der Sonne. Erinnerungsorte der deutschen Kolonialgeschichte, (Schriftenreihe der Bundeszentrale für politische Bildung, Bd. 1405), Bonn 2013, S. 387–405.

Kohl, Karl-Heinz : Die Macht der Dinge. Geschichte und Theorie sakraler Objekte, München 2003.

Korff, Gottfried: Musealisierung total? Notizen zu einem Trend, der die Institution, nach der er benannt ist, hinter sich gelassen hat, in: Klaus Füßmann/Heinrich Theodor Grütter/Jörn Rüsen (Hrsg.): Historische Faszination. Geschichtskultur heute, Köln 1994, S. 129–144.

Köpke, Wulf/Schmelz, Bernd (Hrsg.): Hamburgs Tor zur Welt. 125 Jahre Museum für Völkerkunde Hamburg, Hamburg 2004.

Köpke, Wulf/Schmelz, Bernd (Hrsg.): Die ersten 112 Jahre. Das Museum für Völkerkunde Hamburg, (Mitteilungen aus dem Museum für Völkerkunde Hamburg, NF Bd. 35), Hamburg 2004.

Köpke, Wulf/Schmelz, Bernd (Hrsg.): Hamburg-Südsee. Expedition ins Paradies, (Mitteilungen aus dem Museum für Völkerkunde Hamburg, NF Bd. 33), Hamburg 2003.

Köpke, Wulf: Einleitung, in: Ders./Bernd Schmelz (Hrsg.): Hamburg-Südsee. Expedition ins Paradies, (Mitteilungen aus dem Museum für Völkerkunde Hamburg, NF Bd. 33), Hamburg 2003, S. 7–9.

Köpke, Wulf: Das Konzept »Der innere Reichtum des Museums«, in: Ders./Bernd Schmelz (Hrsg.): Hamburg-Südsee. Expedition ins Paradies, (Mitteilungen aus dem Museum für Völkerkunde Hamburg, NF Bd. 33), Hamburg 2003, S. 9–15.

Kretschman, Carsten (Hrsg.): Wissenspopularisierung. Konzepte der Wissensverbreitung im Wandel, (Wissenskultur und gesellschaftlicher Wandel Bd. 4), Berlin 2003.

Laak, Dirk van: Über alles in der Welt. Deutscher Imperialismus im 19. und 20. Jahrhundert, München 2005.

Lange, Britta: Prekäre Situationen. Anthropologisches Sammeln im Kolonialismus, in: Holger Stoecker/Thomas Schnalke/Andreas Winkelmann (Hrsg.): Sammeln, Erforschen, Zurückgeben? Menschliche Gebeine aus der Kolonialzeit in akademischen und musealen Sammlungen, Berlin 2013, S. 45–69.

Latour, Bruno: Reassembling the Social. An Introduction to Actor-Network-Theory, Oxford 2005.

Laube, Stefan: Von der Reliquie zum Ding. Heiliger Ort – Wunderkammer – Museum, Berlin 2011.

Laukötter, Anja: Das Völkerkundemuseum, in: Jürgen Zimmerer (Hrsg.): Kein Platz an der Sonne. Erinnerungsorte der deutschen Kolonialgeschichte, (Schriftenreihe der Bundeszentrale für politische Bildung, Bd. 1405), Bonn 2013, S. 231–243.

Laukötter, Anja: Gefühle im Feld. Die »Sammelwut« der Anthropologen in Bezug auf Körperteile und das Konzept »Rasse« um die Jahrhundertwende, in: Holger Stoecker/Thomas Schnalke/Andreas Winkelmann (Hrsg.): Sammeln, Erforschen, Zurückgeben? Menschliche Gebeine aus der Kolonialzeit in akademischen und musealen Sammlungen, Berlin 2013, S. 24–44.

Laukötter, Anja: Vom Alltags- zum Wissensobjekt. Zur Transformation von Gegenständen in Völkerkundemuseen im beginnenden 20. Jahrhundert, in: Themenportal Europäische Geschichte (2008), http://www.europa.clio-online.de/2008/Article=290 [24.2.2015].

Laukötter, Anja: Von der »Kultur« zur »Rasse«. Vom Objekt zum Körper? Völkerkundemuseen und ihre Wissenschaften zu Beginn des 20. Jahrhunderts, Bielefeld 2007.

Laukötter, Anja: Karl Weule, Georg Thilenius und ihr Untersuchungsgegenstand. Das Leipziger und das Hamburger Museum für Völkerkunde im beginnenden 20. Jahrhundert, in: Wulf Köpke/Bernd Schmelz (Hrsg.): Die ersten 112 Jahre. Das Museum für Völkerkunde Hamburg, (Mitteilungen aus dem Museum für Völkerkunde Hamburg, NF Bd. 35), Hamburg 2004, S. 281–304.

Leipold, Andreas: Das erste Jahr der Hamburger Südsee-Expedition in Deutsch-Neuguinea, 1908–1909, Bremen 2008.

Lethen, Helmuth: Versionen des Authentischen. Sechs Gemeinplätze, in: Hartmut Böhme/Klaus R. Scherpe (Hrsg.): Literatur und Kulturwissenschaften. Positionen, Theorien, Modelle, Reinbek 1996, S. 205–232.

Ludwig, Andreas: Materielle Kultur, Version: 1.0, in: Docupedia-Zeitgeschichte, 30.5.2011, http://docupedia.de/zg/Materielle_Kultur?oldid=106448 [12.2.2015].

Möhle, Heiko (Hrsg.): Branntwein, Bibeln und Bananen. Der deutsche Kolonialismus in Afrika. Eine Spurensuche, Hamburg 1999.

Heiko Möhle: Kolonialwissenschaften und Standortpolitik. Eine lebendige Beziehung, in: Ders. (Hrsg.): Branntwein, Bibeln und Bananen. Der deutsche Kolonialismus in Afrika. Eine Spurensuche, Hamburg 1999, S. 101–106.

Penny, Glenn H.: Objects of Culture. Ethnology and Ethnographic Museums in Imperial Germany, Chapel Hill 2002.

Pirker, Eva Ulrike/Rüdiger, Mark (Hrsg.): Echte Geschichte. Authentizitätsfiktionen in populären Geschichtskulturen, Bielefeld 2010.

Pirker, Eva Ulrike/Rüdiger, Mark: Authentizitätsfiktionen in populären Geschichtskulturen. Annäherungen, in: Dies. u.a. (Hrsg.): Echte Geschichte. Authentizitätsfiktionen in populären Geschichtskulturen, Bielefeld 2010, S. 11–30.

Pomian, Krzysztof: Der Ursprung des Museums. Vom Sammeln, Berlin 1987.

Putnam, James: Art and Artifact. The Museum as Medium, London 2001.

Reudenbach, Bruno: Reliquiare als Heiligkeitsbeweis und Echtheitszeugnis. Grundzüge einer problematischen Gattung, in: Wolfgang Kemp u.a. (Hrsg.): Vorträge aus dem Warburg-Haus, Bd. 4, Berlin 2000, S. 1–36.

Reudenbach, Bruno: »Gold ist Schlamm«. Anmerkungen zur Materialbewertung im Mittelalter, in: Monika Wagner/Dietmar Rübel (Hrsg.): Material in Kunst und Alltag, (Hamburger Forschungen zur Kunstgeschichte. Studien, Theorien, Quellen I), Berlin 2002, S. 1–12.

Richter, Henje: »Ich weiß zwar, dass es kein Original sein muss, aber dennoch…« Fetischistische Grundlagen der Authentizität musealer Objekte, in: Eva Ulrike Pirker/Mark Rüdiger: Echte Geschichte. Authentizitätsfiktionen in populären Geschichtskulturen, Bielefeld 2010, S. 47–59.

Röckelein, Hedwig: Reliquientranslation nach Sachsen im 9. Jahrhundert. Über Kommunikation, Mobilität und Öffentlichkeit im Frühmittelalter, (Beihefte der Francia, Bd. 48), Stuttgart 2002.

Rössner, Michael/Uhl, Heidemarie (Hrsg.): Renaissance der Authentizität? Über die neue Sehnsucht nach dem Ursprünglichen, Bielefeld 2012.

Rössner, Michael/Uhl, Heidemarie: Vorwort, in: Dies. (Hrsg.): Renaissance der Authentizität? Über die neue Sehnsucht nach dem Ursprünglichen, Bielefeld 2012, S. 9–14.

Ruppenthal, Jens: Kolonialismus als »Wissenschaft und Technik«. Das Hamburgische Kolonialinstitut 1908 bis 1919, Stuttgart 2007.

Sabrow, Martin/Saupe, Achim (Hrsg.): Historische Authentizität, Göttingen 2016.

Sabrow, Martin/Saupe, Achim: Historische Authentizität. Zur Kartierung eines Forschungsfeldes, in: Dies. (Hrsg.): Historische Authentizität, Göttingen 2016, S. 7–28.

Saupe, Achim: Authentizität, Version: 3.0, in: Docupedia-Zeitgeschichte, 25.8.2015, http://docupedia.de/zg/Authentizit.C3.A4t_Version_3.0_Achim_Saupe?oldid=107216 [25.8.15].

Saupe, Achim: Authentizität, Version 2.0, in: Docupedia-Zeitgeschichte, 22.10.2012, https://docupedia.de/zg/Authentizit%C3%A4t_Version_2.0_Achim_Saupe [15.2.2015].

Schmidgen, Henning: Bruno Latour zur Einführung, Hamburg 2011.

Schwarz, Angela: Bilden, überzeugen, unterhalten. Wissenschaftspopularisierung und Wissenskultur im 19. Jahrhundert, in: Carsten Kretschman (Hrsg.): Wissenspopularisierung. Konzepte der Wissensverbreitung im Wandel, (Wissenskultur und gesellschaftlicher Wandel Bd. 4), Berlin 2003, S. 221–234.

Stoecker, Holger/Schnalke, Thomas/Winkelmann, Andreas (Hrsg.): Sammeln, Erforschen, Zurückgeben? Menschliche Gebeine aus der Kolonialzeit in akademischen und musealen Sammlungen, Berlin 2013.

Stuchtey, Benedikt (Hrsg.): Science across the European Empires, 1800–1950, (Studies of the German Historical Institute London), Oxford 2005.

Vogel, Susan: Always True to the Object, in Our Fashion, in: Ivan Karp/Steven Lavine (Hrsg.): Exhibiting Cultures. The Poetics and Politics of Museum Display, Washington 1991, S. 191–204.

Wagner, Monika/Rübel, Dietmar (Hrsg.): Material in Kunst und Alltag, (Hamburger Forschungen zur Kunstgeschichte. Studien, Theorien, Quellen I), Berlin 2002.

Wagner, Monika: Eine Einleitung, in: Dies./Dietmar Rübel (Hrsg.): Material in Kunst und Alltag, (Hamburger Forschungen zur Kunstgeschichte. Studien, Theorien, Quellen I), Berlin 2002, S.VII-IX.

Wendt, Reinhardt: Die Südsee, in: Jürgen Zimmerer (Hrsg.): Kein Platz an der Sonne. Erinnerungsorte der deutschen Kolonialgeschichte, (Schriftenreihe der Bundeszentrale für politische Bildung, Bd. 1405), Bonn 2013, S. 41–55.

Wiedmann, August: The German Quest for Primal Origins in Art, Culture and Politics 1900–1933. Die »Flucht in Urzustände«, Lewiston 1995.

Zimmerer, Jürgen (Hrsg.): Kein Platz an der Sonne. Erinnerungsorte der deutschen Kolonialgeschichte, (Schriftenreihe der Bundeszentrale für politische Bildung, Bd. 1405), Bonn 2013.

Zimmerer, Jürgen: Kolonialismus und kollektive Identität. Erinnerungsorte der deutschen Kolonialgeschichte, in: Ders (Hrsg.).: Kein Platz an der Sonne. Erinnerungsorte der deutschen Kolonialgeschichte, (Schriftenreihe der Bundeszentrale für politische Bildung, Bd. 1405), Bonn 2013, S. 9–40.

Zwernemann, Jürgen: Die ersten 112 Jahre. Das Museum für Völkerkunde, in: Wulf Köpke/Bernd Schmelz (Hrsg.): Die ersten 112 Jahre. Das Museum für Völkerkunde Hamburg, (Mitteilungen aus dem Museum für Völkerkunde Hamburg, NF Bd. 35), Hamburg 2004, S. 11–273.

Zwernemann, Jürgen: Hundert Jahre. Hamburgisches Museum für Völkerkunde, Hamburg 1980.